한국의 귀화 성씨
韓國 歸化 姓氏

한국의 귀화 성씨 -성씨로 본 우리 민족의 구성-

초판 1쇄 인쇄 2003. 12. 20.
초판 1쇄 발행 2003. 12. 24.

지은이   김정호
펴낸이   김경희
펴낸곳   (주)지식산업사
         서울시 종로구 통의동 35-18
         전화 (02)734-1978(대) 팩스 (02)720-7900
         인터넷 한글문패   지식산업사
                영문문패   www.jisik.co.kr
         전자우편   jsp@jisik.co.kr
                    jisikco@chollian.net
         등록번호 1-363
         등록날짜 1969. 5. 8.

책값   13,000원

ⓒ 김정호, 2003
ISBN 89-423-4821-1 03910

이 책을 읽고 지은이에게 문의하고자 하는 이는
지식산업사 전자우편으로 연락 바랍니다.

※이 책의 출판은 방일영재단의 지원으로 이루어졌습니다.

한국의 귀화 성씨

-성씨로 본 우리 민족의 구성-

김 정 호(金井昊)

지식산업사

머 리 말

　　오늘날 한국 사회에서 족보나 씨족을 말하는 것은 전근대 신분사회의 케케묵은 찌꺼기 정도로 업신여긴다. 그 동안의 족보가 대부분 현달한 선조 자랑이나 혈연 돈목만을 강조하는 데 이용되었기 때문이다. 아직도 이 같은 의식과 문중 조직이 기승을 부리는 판국이라 족보나 씨족을 학문으로 다루기 힘든 현실이다. 그렇다고 엄연한 역사 사실의 한 부분이고 사회현상으로 엄존해 있는 씨족사나 족보를 학문으로 다루기를 기피하는 것은 학문의 후진성을 나타낸다고 할 수 있다.

　　족보나 성씨에 대한 개설서들은 더러 있으나 이를 학문으로 다룬 논문은 손꼽을 정도다. 내가 이 분야에 관심을 가진 것은 지역사를 다루는 과정에서 지역사회의 변화와 구성에 씨족이 큰 비중을 차지하고 있음을 발견한 뒤부터이다.

　　지역사회 구성을 제대로 다루려면 그 지역 성씨의 성쇠를 알아야 했다. 이 방법은 국사 연구에도 동원되어야 한다고 믿게 되었다. 그렇다고 나 같은 시골 사람이 향토사학의 중요성과 씨족사의 학문성을 외쳐 보았자 강단 학자들이 눈여겨보기를 기대할 수도 없는 풍토이다. 그러나 시대는 나날이 더 다양한 목소리와 학문 방법을 필요로 하는 다원화 사회로 치닫고 있어 씨족사도 하나의 학문이라고 생각하면서 이 글을 쓰기로 했다.

보학(譜學)은 인문과학이면서 자연과학의 일부라는 생각을 갖고 있다. 자연과학이 이룩한 원자탄도 물질의 뿌리찾기에서 시작되었듯이 사람의 뿌리를 찾는 씨족사도 같은 학문 방법이 동원되어야 한다.

자연과학이 물질의 뿌리를 찾아 원자와 핵을 찾아냈듯이 인문과학도 이 사회의 법칙과 인간의 뿌리를 찾는 노력은 계속해야 한다. 이 때문에 서양에서는 사람은 물론 동식물까지도 그 계보를 밝히거나 정리하는 계보학이 자연과학의 기초학문으로 다뤄지고 있다.

인간의 규명도 궁극적으로 인문과학과 자연과학이 맞닿아야 해결의 실마리를 찾게 되어 있다. 인간 연구도 그 뿌리를 찾다 보면 다른 동식물이나 마찬가지로 몸을 구성하고 있는 세포와 유전자, DNA분자, 핵산, 단백질을 대상으로 해야 한다. 이 분야를 자연과학이 다룬다면, 씨족사는 인간과 인간의 관계를 밝히는 인문과학이다.

인문과학자들 가운데 일단의 학자들은 씨족이나 민족을 넘어서 현생 인류의 조상에 대해 관심을 갖기도 한다. 그 동안 자바(Java)에서는 세 종류의 인류 조상의 뼈가 발견되어 학계에서 논쟁이 계속되어 왔다. 2003년 들어 일본과 인도네시아 공동 연구팀은 《사이언스(Science)》지에 자바섬 유인원 두개골 화석 분석결과를 발표한 바 있다. 자바 원인(猿人)은 현 인류의 조상이 아니라는 것이다. 결국 인류의 조상은 아프리카에서 발견한 1백만여 년 전 원인이라는 결론을 뒷받침하는 것이라고 보도했다.

단일 조상설은 미국 버클리 지질연대학센터 칼스 위터의 주장이기도 하다. 옥스퍼드 대학 브라이언 사이크스 박사는 미토콘드리아 DNA 연구를 통해 1만~4만 년 전 유럽 여러 곳에 살던 7명의 여인이 오늘날 유럽인의 조상이라는 내용의 《이브의 일곱 딸》이란 책을 내놓았다. 그는 현생 인류의 조상은 15만여 년 전 아프리카에 살던 미토콘드리아라는 여인이라는 데 근원을 두고 있다. 그는 백인이 아닌 황인종과 흑인종은 26명의 여인이 조상이므로 현생 인류는 33명의 여인이 조상이라는 주장이다.

아직 남성 유전자에 대한 연구는 이뤄지지 않았지만 이런 주장들을 보면 인간은 결국 친척 아닌 사람이 없게 되어 사해동포(四海同胞)라는 말이나 지구촌 가족이란 말이 실감 난다. 역시 역사란 먼 옛날부터 살아온 사람의 자취를 추적하는 학문이다.

사회조직의 상위 단위인 국가 권력의 주역 역시 사람이다. 이 실체를 밝히는 데는 혈족 관계의 역사라 할 수 있는 씨족 기록이 대단히 중요한 자료라 할 수 있다.

지정학적으로도 한반도는 대륙과 해양을 넘나드는 항만의 부두시설이나 다를 바 없다. 해류의 이동을 염두에 두더라도 여러 민족이 섞일 수밖에 없는 위치에 있는 땅이다.

태풍철이면 저 남쪽 태평양의 쓰레기가 밀려오고 여름철이면 중국 절강성의 멸구충이 바람에 실려 한반도로 날아온다. 북서풍이 불면 중국 북쪽의 황사가 한반도를 뒤덮는다. 이런 지리적 위치에 있는 국가가 단일민족의 순수성만을 주장하고 중국식 성씨는 무조건 모화(慕華)사고에서 비롯된 것이라고 몰아세우는 학문 태도는 편협한 수구 보수적 민족주의라는 비판도 있음을 알아야 한다. 이런 태도는 민족 자폐증이라고 비난해도 할 말이 없을 것이다.

월남이 망하면서 일어난 '보트피플' 현상은 비단 현대사의 일부라고만 생각해서는 안 된다. 옛날부터 이웃 일본이나 중국 대륙에서 정변이 일어났거나 혼란이 있었을 때는 물론, 왕조가 바뀔 때마다 그 땅의 기득권을 잃은 세력의 일부는 '보트피플'이 되었을 것이고 배를 타고 바다를 떠돌다 기착하는 땅은 한반도일 수밖에 없었다.

이런 과거를 들추다 보면 한반도는 숙명처럼 동북아 망명기지로 쓰였음을 발견할 수 있다. 물론 한반도 주변 국가의 변란과 정변 때만 이민족들이 유입된 것은 아니다. 오늘날 중국은 물론 필리핀, 인도네시아, 베트남 사람들이 한반도에서 돈을 벌기 위해 밀항해 오듯 한반도가 안정을 이루고 번영을 이뤘던 시기에는 많은 교역자나 이민자들이 찾아와 귀화했다. 이런 일들이 역사 기록에 나온다.

이 책은 씨족사의 기록이라 할 족보를 통해 그들 씨족의 선조가 어디서 왔다고 주장하고 있으며 역사 기록을 통해 그들 도래시기에 주변 국가에서는 실제로 어떤 일이 있었던가를 살펴보았다.

물론 족보 기록이 모두 진실이라고 믿지는 않는다. 비록 부분적으로 과장과 허식이 있고 모화성이 있다 하더라도, 그 또한 당시 한반도의 시대나 사회 현상을 더듬어 볼 수 있는 자료로서 의미가 있다.

다만 걱정되는 것은 지나치게 중국 자료에 기대어 신모화주의라고 비난하거나 한반도 토종은 없다는 얘기가 아니냐고 흥분할 분도 있을 것이라는 점이다.

한문 해석이나 성(姓) 글자의 연원을 중국 자료에서 찾을 수밖에 없는 이 분야 학문의 한계를 이해해 주기 바란다. 그 점은 순수한 우리말과 글의 성씨가 거의 없고 한국 씨족 시조설화 또한 합리성이 적기 때문에 같은 글자의 중국 성씨에 관심을 가질 수밖에 없었다.

일본의 《신찬성씨록(新撰姓氏錄)》 기록을 들먹이며 일본은 한반도

도래인이 건너가 세운 나라라고 주장하는 만큼 한반도 기록들에는 중국 귀화씨족이 많다는 것 그 자체를 인정하는 도량이 필요하다. 심지어 《삼국사기》 가운데 나오는 진망인(秦亡人) 기록마저도 외면하고 한국 성씨 제도는 무조건 중국 모칭이라고 단정하는 것이 민족 열등감이나 편협한 국수주의라는 비난을 받을 수도 있음을 생각할 때가 왔다. 감정상 싫어도 인정할 것은 인정해야 한다.

다만 이런 시도가 미래 국제화를 위한 민족 개념에 새로운 인식의 밑거름이 되고 한반도 역사 규명에 한 방편이 될 수 있다고 공감하는 동지가 있기를 바랄 뿐이다.

끝으로 이 책의 원고 정리를 위해 수고한 송종복 군과 여러 씨족의 족보를 열람하는 데 수고를 아끼지 않은 김병환 벗, 그리고 지식산업사 김경희 사장님과 편집·교열에 힘쓴 여러분에게 지면으로나마 감사를 표한다.

그리고 이 책을 집필하는 데 용기를 준 방일영재단에 거듭 감사한다.

2003년 11월

김 정 호

차 례

※본문에 나오는 각종 통계 자료들은 〈2000 인구주택총조사 성씨 및 본관 집계결과〉(통계청, 2003)를 기준으로 하였다. 기준 연도가 다른 경우에는 따로 표기하였다.

제 1 장
씨족과 족보

1. 민족과 인종

한민족이 단일민족이냐, 아니냐의 문제는 이미 2세기 전 유럽에서 활발하게 논의되었던 민족의 개념 논쟁이나 다름없다.

뒷날 주관적 민족주의 이론가로 불리운 프랑스 사람 르낭(E. Renan, 1823~1892)은, "이 지구에는 순수한 종족이란 극소수에 지나지 않고 심정적 민족만이 있을 뿐"이라고 주장했다. 그는 민족이란 인종이나 언어, 그리고 땅이 그 성원을 구분하는 절대 요소가 아니라 "마음속으로 함께한다는 느낌"이라고 주장했다. 이에 견주어 당시 독일 학자들은 민족이란 태어나는 것이지 만들어지는 것이 아닌 생물학적 존재라고 주장하고, 이것이 민족의 바탕이라고 반박했다.

이 같은 논쟁은 뒷날 역사적 연속성이란 개념이 첨가되면서 이념화하였다. 결국 민족은 인종과 별개의 개념으로 정치나 사회운동에 이용되는 공동체적 감정이란 분석에 이르렀다. 순수 민족주의 이론들은 뒷날 독일의 나치즘이나 이탈리아의 파시즘 등의 인종주의에 동원되면서 지구 위에 일찍이 없었던 전쟁 비극을 일으켰다. 20세기 말 지역화와 세계화 바람이 불면서 민족 개념은 차츰 언어와 혈통, 지역적 공동체 개념으로 바뀌어 가고 있는 판이다.

국가를 정치적 용어라고 한다면 인종은 피〔血〕갈래인 생태적 체질분류라 할 수 있고, 민족은 문화적 개념에 가깝다고 할 수 있다. 그러므로 같은 민족이라 하더라도 정치적으로 서로 다른 나라로 나뉘어 있는 경우가 많고, 여러 인종을 포함하기도 한다. 그렇다면 우리가 흔히 말하는 남·북한은 한겨레이고 배달민족이라고 말하는 데 모순이 있는 것은 아닐까.

겨레란 한 조상에서 태어난 자손이란 뜻이다. 그러므로 먼 조상이 한 사람이란 신화를 근거로 한 문화적 집단개념일 뿐이다. 그 민족은 과학적 합리성으로 따질 성질의 것이 아니다. 민족이란 공동의 문화 내용을 중심으로 한 집단 귀속감정이며 일부 지역적 범위〔땅〕를 갖는 점에서 인종과 다른 개념으로 쓰인다. 이를테면 이스라엘 민족은 살고 있는 지역이 서로 다르고 인종적으로 흑인계도 있고 백인계도 있으며 상용 언어가 다르면서도 같은 민족 관념을 갖는 민족이다. 종교를 바탕으로 한 문화 내용이 같고, 같은 공동체라는 귀속감정을 갖고 있기 때문이다.

이런 점에서 한민족 또는 조선민족도 한 조상이란 일체감으로 뭉쳐 있는 문화적 특수 집단이란 생각이 옳을 것 같다. 배달민족은 신화로서는 단군왕검 한 분의 자손이지만 사실관계에서 단일민족 신화와 다른 여러 정황을 발견할 수가 있다. 이에 대한 논의의 한 보기를, 90년대 중반 한림대학교 한림과학원이 실시한 '한민족의 기원과 형성에 관한 연구 토론'에서 살필 수 있다.

이와는 달리 단편적이지만 신복룡 씨의 《한국사 새로보기》(풀빛,

2001년)의 〈한민족은 단일 혈통이 아니다〉라는 항목에서도 볼 수 있다. 신씨는 신문에 이 글을 쓴 뒤 많은 사람들로부터 민족의 단일성에 손상을 주는 글을 쓸 필요가 있느냐는 항의를 받았다고 술회하고 있다. 2003년 연세대 국문과 신형기 교수는 《민족이야기를 넘어서》란 책을 통해 "민족 감정은 상상적 공동체이며 한국에서는 남북이 다 같이 억압에 대한 저항과 결속을 위해 이용되는 허구적 일체감으로 개별자를 용해시켜 버린다"고 주장했다.

이런 판국에 과연 진부한 족보를 중심으로 한민족은 다민족 혼혈 문화공동체라는 것을 증명해 보이겠다는 것은 할 일 없는 현학자의 무모한 호기심이란 비난이 없지 않을 것으로 염려된다.

물론 2000년 3월 김성호 씨가 펴낸 《씨성으로 본 한일민족의 기원》이란 책도 같은 주장을 펴고 있으므로 참고할 만하다.

오늘날 민족주의에 대한 해석은 종족·종교·언어·영토 등 원초적 유대에 바탕해 영속성을 갖는다는 원초론과, 민족이란 특정한 역사적 조건에서 나타난 이념이라는 도구론으로 갈려 있다(《서양의 지적운동》 지식산업사, 1994년, 538쪽). 이 두 논리는 객관주의적 민족개념과 주관적 민족개념으로 분류하기도 하지만, 두 논리가 다 같이 역사적 경험을 바탕으로 하고 있다는 점에서 추상적이며 가변성을 가지고 있는 개념임을 알 수 있다.

한민족의 정체성은 비록 혈통적 순수성에 문제가 있다 하더라도 유사 종족, 동일 언어, 지역성 등에서 원초성이 있고 역사성도 가지고 있음을 부정할 수 없다. 민족주의 개념의 어떤 관점에서 보더라도 한민족이란 개념은 가능하다. 그렇더라도 경제적 세계화의 물결 속에서 지역 공동체에 바탕한 민족주의의 편협성은 경계할 필요가 있다. 다행스럽게도 교육계 한쪽에서는 국사 교육이 지나치게 민족주의적이므로 이를 극복해야 한다는 주장마저 일고 있다.

물론 이에 대해서는 조국의 통일을 염원하는 대다수 민족 성원의 소망에 상처를 줄 수 있는, 현실을 외면한 지식인들의 사치성 논의라는 비난도 없지 않다. 이 같은 지식인 사회의 화두를 외면할 수 없었던지 한국정신문화연구원은 창립 22돌을 맞아 한국 정체성에 대한 국제 심포지엄을 가진 바 있다. 이 같은 논의들은 정체성에 대한 위기의식의 현실적 반영이란 생각이 든다. 편협한 민족주의나 과거 지향성도 문제이지만, 국가이기주의가 판치는 국제 현실을 외면하고 서양식 가치관에 편승하는 민족주의 극복론도 경계해야 할 일이다. 과거의 전통도 중요하지만 시대의 흐름도 외면하지 않는 조화와 중용은 어느 시대에나 지녀야 할 우리의 덕목이다.

다만 배달민족, 한민족이란 집단주의 사고가 외부의 침략 위협을 극복하기 위한 방편이나, 식민통치의 산물로 길러진 잠재의식이라거나, 민족이란 이름으로 국가체제 유지를 위해 조종되는 대중의식의 산물이라는 비판은 받지 않아야겠다.

2. 인종과 씨족

앞서 보았듯이 민족이 문화와 역사적 특성을 중심으로 한 개념인데 견주어, 인종은 생물학적 구분 개념이다. 인종은 흔히 유전적인 여러 특성을 공유하는 집단으로 피부의 빛깔에 따라 백인, 흑인, 황인종으로 크게 나눈다. 물론 인종의 분류방법론을 둘러싸고도 수많은 학설이 있다. 변이와 인공적 도태도 있을 터이지만 환경의 영향이 많은 것이 확실하다.

추운 지방에서 적응해 살다 보면 열을 보존하는 데 유리하도록 돌출부위가 적고 몸집이 커질 수밖에 없을 터이다. 더운 기후에 적응하려면 더위를 이기는 데 유리하도록 몸집이 깡마르고 사지가 길며 늘씬하고 열을 발산하는 데 좋도록 얼굴도 모난 곳이 많아질 수밖에 없다. 그러나 오늘날 교류와 이동이 빈번하고 자유로워지면서 인종 사이의 혼혈이 늘어나고 자연을 극복하는 과학이 발전하고 있으므로 먼 장래에는 인종의 구분이 모호해질 것이라는 전망이 있다.

인종은 한때 지능과 기질에 차이가 있다는 차별론에 따라 지배와 피지배의 차별을 두는 나라들이 있었다. 그러나 1963년 국제연합 총회에서 차별 철폐선언이 채택되었으며, 1969년 1월 4일 이후 국제 조약으로 인종 사이의 차별은 없어졌다. 실제로는 가장 선진이라는 미국에서마저 아직 인종차별 의식이 완전히 철폐된 것은 아니다. 그러나 머지않아 인종 구분과 차별은 과거의 역사 잔재가 될 것이 분명하다.

씨족은 인종을 더 세분한 나뉨이라 할 수 있지만 인종과 같은 생물학적 구분이 아니라 결혼에 따라 성립되는 출생계통을 말하는 개념으로 민족 뜻에 가까우면서도 민족과는 다른 개념이라 할 수 있겠다.

혈족은 같은 인종 사이의 결합에 따라서만 이루어지는 것이 아니라 다른 인종 사이에도 이뤄지기 때문에 인종과 다른 개념이다. 씨족과 비슷한 계족(系族, Lineage)이란 개념이 있다. 출생관계를 계보(系譜, Clan)로 명확히 가릴 수 있을 때 이를 계족이라 하고, 계보는 확인할 수 없지만 먼 조상이 같다고 믿어질 때 이를 씨족이라고 한다.

거의 비슷한 단어로 포족(胞族)이 있다. 포족이란 흔히 우리가 같은 민족을 동포라 하듯이 혈족과 친연성을 가진 족속이란 뜻이다. 즉 씨족 계보나 계족 관계로 따질 수는 없지만 먼 친척 가운데 피가 섞였음직한 관계를 뜻한다. 오늘날 우리 씨족 체계는 부계(父系) 중심으로 따지고 있지만, 만일 아주 먼 옛날처럼 모계(母系) 중심으로 따지기로 들자면, 한반도에 살고 있는 사람들은 논리상으로는 대부분 포족이라 할 수 있다. 순수 혈통으로 계족끼리는 혼인을 않기로 할 경우 27대(代)가 지나면 1억 명 이상 자손이 번져야 하므로 7천만 동포인 한민족은 실제로는 포족인 셈이다.

일가를 따지는 명칭 가운데 친족이란 개념이 있다. 족(族)이란 무리

[衆]를 뜻하는 것으로, 족당(族黨)이라 하면 혈족과 관계없는 가신(家臣)까지를 포함하지만, 친족은 법률적 술어로 쓰인다. 한국 민법 제767조에서 979조에 이르는 213개 조에 자세한 관계가 규정되어 있다.

법률에서 친족은, ①8촌 이내의 부계혈족(같은 고조 할아버지 자손), ②4촌 이내의 모계혈족(어머니 형제와 그 자손), ③남편의 8촌 이내 부계혈족, ④남편의 사촌 이내 모계혈족, ⑤처의 부모, ⑥배우자로 규정하고 있다(민법 777조). 이 법률에서 친족은 부양, 상속 등의 권리·의무를 진다는 점에서 친척과는 다르다.

친족 관계는 생물학적 혈통 관계만으로 이뤄지는 것이 아니고 혈연이라는 출생사실 관계와 상관없이 법률적 관계에 따라 성립되기도 한다. 양자제도가 이 경우이다.

실제 혈맥에 관계했더라도 법적인 혼인관계가 이뤄지지 않거나 이혼하면 법적인 친족에 속하는 것은 아니다. 거의 같은 낱말로 인척(姻戚)이 있다. 혼인으로 친족이 된 배우자의 친족을 이르는 말이다.

씨족과 비슷한 낱말로 종족(宗族)이 있다. 성자(姓字)와 본관이 같은 집안을 뜻한다. 그러므로 본이 달라도 조상의 피가 같을 때는 씨족이 되고, 같은 씨족이면서 본관이 같을 때 종족이 되고 종씨라 이른다. 종족 안에서도 파계(派系) 또는 계파(系派)가 있으며 그 하위단위에 문중 또는 가계(家系)가 있다. 가계나 파계는 그 계통을 확실하게 밝힐 수 있는 범위이고, 종족이나 씨족은 그 계통이 확실하지 않은 경우가 많다.

3. 성(姓)과 씨(氏)의 발생

문자가 없던 원시시대에도 특정한 개인을 부르는 표짓말은 있었을 것이다. 이것이 이름〔名〕의 시초라 할 수 있다. 아주 어린아이는 '뉘 집 아이'라 하여 그 아이를 낳은 어머니가 성을 대신했을 터이다. 이것이 성(姓)이다. 그러므로 모계사회에서 가족의 명칭은 어머니의 이름이었을 것이고 장성한 뒤에 '뉘 집 아들 누구'라고 이름이 덧붙여져서 성명(姓名)을 갖게 되는 것은 칭호의 당연한 순서이다.

이 제도가 부계사회로 바뀌면서 종자(種子)라 말할 수 있는 씨(氏)가 붙어 성씨(姓氏)가 되고 차츰 씨가 흩어져 살게 되면서 성은 모계의 흔적을 떠나 씨족장의 출생지나 호적지로 변해 본관(本貫)의 형태를 이루게 되었다.

부계사회는 농업 정착으로부터 시작되었다고 보는 것이 정설처럼 되어 있다. 그 이전에는 모계사회였을 것으로 보고 모계 중심의 가족이

존재했을 터이므로 중국의 고대 성씨는 모두 계집 여(女) 자가 붙어 황제의 성은 희(姬)고 염제의 성은 강(姜)이 되었다는 이론이다.

흔히 중국 사람들이 말하는 삼황오제(三皇五帝)시대는 전설시대라 하지만 모계사회의 성격이 강했던 것 같다. 금문(金文)에는 부계가 중심을 이루고 있지만, 인척 구조를 보면 여전히 모계적 사회였음을 살필 수 있다. 하(夏)나라, 은(殷)나라, 주(周)나라 따위 추장적 부계 국가 시대가 지나는 동안 봉지나 벼슬 이름이 씨의 표지로 쓰이다가 힘센 부족이 큰소리를 치던 춘추전국시대를 지나면서 신분계급에 혼란이 일어나고 수많은 성씨가 생길 수밖에 없었다. 귀족 종자가 아니더라도 나라를 세우는 자들이 생겨났기 때문이다. 이때가 되면 종자의 상징인 씨보다 태어나 살고 있던 장소[姓]가 더 큰 상징성을 나타내는 성명(姓名) 시대가 되었다. 이 성명제도는 중국이 통일된 뒤 한(漢), 당(唐)을 거치는 동안 소속된 지방 토호의 통치수단으로 이용되면서 문벌과 씨족 집단의 성쇠를 상징하는 국성(國姓), 군성(郡姓), 주성(州姓), 현성(縣姓)의 급수(級數)가 매겨졌다.

이때의 족보책이 《공자혈맥보(公子血脈譜)》로 제후 귀족들을 차등을 두고 정리하고 있다. 동한(東漢, 25~220)시대의 책으로 《풍속통(風俗通)》〈성씨편(姓氏篇)〉과 《잠부론(潛夫論)》〈씨성지(氏姓志)〉 등이 만들어져 통치 수단으로 이용되기 시작한다. 위(魏)·진(晉)시대가 되면 모든 관료를 지방 명문호족에서 선발하기 위해 이름 있는 명망족 성씨의 급수를 8주 116개 군별로 9품(品)으로 나눠 《성씨부장(姓氏簿狀)》이 작성된다.

이 뒤를 이은 당(唐, 618~907)나라 때 고사겸(高士兼) 등이 중심이 되어 1백 권 분량의 《정관씨족지(貞觀氏族志)》가 만들어진다. 이 《씨족지》는 남북조시대 명문귀족에 속했던 최(崔)·노(盧)·정(鄭) 등 기존

귀족의 서열을 앞세웠기 때문에 당나라 황족이 된 이(李)씨들이 새로운 서열을 규정한 《씨족록》을 새로 만들게 된다. 이 《씨족록》은 상인 출신 황후 측천무후(則天武后) 때 다시 개수된 뒤 812년의 《원화성찬(元和姓纂)》의 뼈대를 이룬다. 당 태종은 남북조시대 명족이 아니라 호이(胡夷) 혼족〔진인각(陳寅恪)설〕으로 기존의 계급을 인정하지 않은 셈이다.

이 제도가 신라 후반기에 한반도에 들어오고 고려 초기에 큰 영향을 미쳤던 것 같다. 이처럼 성씨 제도는 사회 발전에 따라 이웃 제도들을 흉내 내면서 변천해 온 것이지만 혈통이나 가계를 구분하는 기호로 써 온 것은 사실이다. 세계적으로 부계혈통 성씨 제도를 가장 잘 지키고 있는 민족이 한국 민족이지만, 그 혈통을 나타내는 글자가 중국 성씨 글자와 같다는 데 문제가 있다.

당시 한반도에는 한자 이외의 표기 방법이 없었으므로 중국 성씨를 모방했다고 할 수도 있을 것이나, 실제 중국 후손이었을 가능성도 얼마든지 있다. 몇몇 재야 학자들이 한자는 고조선 문자라고 주장하는 점도 간과할 일이 아니다.

성씨 글자도 빌려 쓴 것이라고 말하지만, 진짜로 중국에서 그들 집안이 왔다는 증거가 여럿 있다. 더구나 근래 일부 재야 학자들이 말하는 중국 안에 조선이 있었고 중국 사람들이 전설의 제왕이라고 말하는 삼황오제 시절의 황제들 가운데 한민족 전설상의 시조인 단군(檀君)이 있었다는 주장을 받아들인다면, 중국 대륙에서 쫓겨 온 민족이 중국식 성자를 성씨로 쓰고 있는 것은 자연스러운 것이다. 이 점은 동양 고대사의 규명과 맞물린다.

한민족이 가장 보수적인 성씨 제도를 유지하고 있다면, 한국 성씨 제도는 중국을 흉내 낸 성씨 제도라고 무조건 내팽개칠 일이 아니라, 그 안에서 어떤 실마리가 있는가 찾아보는 일은 결코 헛된 일이 아니다.

4. 본(本)과 묘(苗)

'씨'는 오늘날 사람 이름에 붙여 쓰는 높임말이다. 한글학회에서 펴낸 《우리말 큰사전》에서는 '씨'를, '① 열매 속에 있으며 앞으로 새로운 낱몸이 될 단단한 물질, ② 씨앗, ③ 동물이 번식하는 근원, ④ 대를 이을 혈통의 낮은 말, ⑤ 커질 수 있는 사물의 근원'으로 풀이하고 있다. 두 번째로 씨는 '같은 성바지를 나타내는 말', '그 사람의 뜻으로 일컫는 말', '성 또는 이름에 붙어 높임의 뜻을 나타내는 말'이라 풀이하고 맨 끝 씨의 설명에 한문 글자 '氏(씨)'를 덧붙여 두고 있다.

중국의 옛 책에도 씨가 먼저 있고 뒤에 성(姓)이 있다. 염제 신농씨나 황제 헌원씨가 그 보기이다. 흔히 씨는 남자의 혈통을 뜻하고 성은 어머니의 태생지를 뜻한다고 말한다.

그래서 염제 신농(神農)씨는 어머니가 강수(姜水) 곁에 살아 성이 강(姜)이고 황제 훤원(軒轅)씨는 어머니가 희수(姬水)에 살아 성이 희

(姬)라는 것이다. 이를 보면 씨는 남녀 구별 없이 개인의 이름에 붙였던 존칭이었으나, 모계사회가 부계중심사회로 되면서 모성의 흔적은 씨와 합해져 피갈래의 낱말로 쓰이게 된 듯하다. 《당서(唐書)》에 보면 이(李)씨는 영성(嬴姓)에서 나오고 유(劉)씨는 희성(姬姓)에서 나왔다는 보기를 찾을 수 있다. 성은 결국 낳은 땅을 표현하는 글자이면서 모계를 상징하기도 하여 같은 땅에서 낳은 사람이면서도 남자 종자인 씨가 달라서 정확한 피갈래를 갈라 말하려면 장소인 성(姓)과 피갈래 종자인 씨를 합해 말해야 하는데, 이것은 사회와 말의 발전에 따른 순리였다고 할 수 있다.

씨가 땅에 뿌리를 박고 새 생명으로 태어나 한 개체가 되는 것이므로 씨성이 된다. 그러므로 같은 글자의 성을 쓰는 집안끼리도 피가 다른 씨가 들어와 번지게 되면 같은 땅에서 태어나 자라면서도 각각 다른 씨성으로 부를 수밖에 없다. 이와 달리 부계 승계가 정착된 주나라 때는 봉작을 받은 지역 이름을 성으로 쓰면서 성은 차츰 남성 혈통의 상징 부호로 변했지만, 그 혈족이 본디 성을 받은 지역에서 옮겨 살면서 그 지역에서 새로운 명성을 갖게 되면, 옮겨 산 고을의 이름이 덧붙여져서 '어느 고을 ○씨'라 하게 되었다. 본디 먼 조상의 지역 이름인 성은 쓰되 피갈래가 달라 오해할 수 있는 같은 지역의 새로운 성씨와 구별하기 위해 한반도에서처럼 성자 앞에 선조의 태생지를 밝히는 본관의 개념이 정착된 것으로 생각된다.

성은 처음에 지역 이름을 땄으나, 세월이 흐르면서 같은 지역에서 명망 있는 인물이 많이 나오면서부터는, 계속해서 지역 이름만으로는 구분이 어렵게 되자, 다른 집안과 다름을 나타내면서 더 뽐내기 위해 관청 이름을 성으로 쓰기도 하고 직업을 성으로 삼기도 했으며, 부모의 자나 시호를 성으로 삼기도 했다.

중국 사람 정초(鄭樵, 1140~1162)는 《통지략(通志略)》에서 득성(得姓)의 32가지를 설명하고 있다. 주나라 때 1천 8백여 개에 이르는 제후국의 치정자들이 모두 자기 통치지역 이름을 성자로 했다고 하나 그렇다고 진한(秦漢) 때까지 그 자손들이 살지 않았던 것 같다. 당나라 태종(太宗, 627~649) 때 만든 《씨족지》를 보면 당시 성씨는 293성이었으며 측천무후(623~705) 때 398성이 되었다가 710년 무렵에는 791성이 되었다.

이처럼 중국의 성씨가 땅 이름〔地名〕을 중심으로 시작된 것과는 달리 한국의 성씨는 주로 중국의 성씨를 그대로 썼을 뿐 한국의 땅 이름을 성으로 쓰지는 않았다. 이 점에서 일본도 중세까지는 성에서 지명의 흔적을 찾을 수 없었던 것은 한국과 같다.

다만 일본은 한국과 달리 가마쿠라(鎌倉)시대(1192~1333) 이후 묘(苗)가 성(姓) 대신 쓰이기 시작했다. 이때부터 일본의 성씨는 그가 사는 땅 이름이 중심을 이루지만 집〔家〕의 성격이 강해 관직, 직종, 불교 기물 이름을 성씨 상징 이름으로 쓰기도 했다.

5. 중국 족보의 사료(史料) 이용

중국은 족보에 대해 두 가지 견해를 가지고 있다. 첫째는 계급사회의 잔재이며 분파주의의 상징이라고 보는 사회주의적 시각이다. 이 때문에 문화대혁명 때 홍위병들이 많은 족보를 거두어 불태웠다. 그러나 몇몇 역사학자나 방지(方志)학자들은, 족보는 중국의 중요한 문화유산으로 중국 역사 규명에 없어서는 안 된다고 주장하는 견해도 만만치 않다.

1930년 《방지고고(方志考稿)》를 쓴 구선영(瞿宣穎)은 족보를 보면 인구의 이동, 귀족의 형성과 영고성쇠, 어떤 지역의 발전, 문화 전파의 경로 등을 알 수 있다고 주장했다. 중국 신사학(新史學)의 개척자로 추앙 받는 양계초(梁啓超, 1873~1929)와 같은 이는, 족보는 각 지방의 혼인관계, 지배계층의 구성, 특정 시대의 평균 수명, 남녀 구성비, 출생률과 사망률 등을 규명할 수 있고 특정 시대의 사회제도 연구에 없어서는 안 될 정사(正史) 이상의 귀중한 사료라고 평가한 바 있다. 그는 특히 왕정사(王政史) 위주의 역사학 자료를 보완할 수 있는 미개발 광구가 있으니 그 하나는 지방지이고 두 번째가 족보라고 강조하기도 했다.

1990년 이후 중국의 몇몇 학자들은 개방정책에 따라 해외 교류를 촉진하면서 족보야말로 해외에 번져 있는 염황 자손들과 연대하는 데 가장 중요한 자료라고 새로운 가치를 부여하고 있다. 이에 따라 산서성 사회과학원은 '가보자료연구센터'를 개설하고 홍콩 등에서 중국족보특별전(1992년 4월)을 열었는가 하면 역대 중국 족보를 수집하고 족보간행 사업을 벌이고 있다.

특히 초기 단계에 성자(姓字)가 제후들의 봉지(封地) 이름이었던 것에 근거를 두고, 중국의 여러 소수 민족 형성과 이동, 분합 과정을 추적하는 자료로 활용할 수 있다는 점에서 중요성을 갖는다. 한국의 족보들도 이 같은 점에 착안해 역사 사실과 다른 점을 밝히고 중국이나 일본 성씨와 상관관계를 살피거나 성씨의 이동을 추적한다면 문화의 전파 경로나 역사 기록에서 확인할 수 없는 문벌 사이의 혼맥, 또는 정변의 인과관계를 밝힐 수도 있을 것이다. 이를 좀더 발전시킨다면 한반도 안의 인종과 씨족, 국가 성립과 대외관계를 보완할 수 있다고 생각한다.

6. 중국 성씨 관련 문헌

중국에는 지금부터 2천 년 이전의 씨족에 대한 기록들이 많다. 중국 씨성의 시원(始原)은 삼황오제(三皇五帝)시대에 두고 있다. 그 가운데 후한(後漢) 때 사람 사마천(司馬遷, BC 148?~84?)이 쓴 《사기(史記)》는 중국 역사의 기본이 되는 고전이라 할 수 있다. 이 책 가운데 〈오제본기(五帝本紀)〉편은 황제(黃帝), 전욱(顓頊), 제곡(帝嚳), 당요(唐堯), 우순(虞舜)에 대해 쓰고 있다. 이보다 앞선 기록으로 《세본(世本)》이란 책이 있었다지만 이 《세본》도 〈오제본기〉의 서술과 거의 같다.

이와는 달리 유교 5경 가운데 하나인 《예기(禮記)》에는 오제를 태호(太昊), 소호(少昊), 황제, 염제(炎帝) 신농(神農), 전욱이라 했고 같은 계열인 《상서(尙書)》의 서문과 황보밀(皇甫謐, 215~282)의 《제왕세기(帝王世紀)》에는 5제를 소호, 전욱, 고신(高辛), 당요, 우순이라고 쓰고 있어서 논쟁이 많은 부분이기도 하다.

1988년 중국 사회과학출판사에서 펴낸《중국인적성명(中國人的姓名)》이란 책을 보면 중국의 상대(上代) 씨족체계는 전국시대에 정리되었고, 씨성제도가 형태를 갖춘 것은 주나라 때로 되어 있다.

이 때문에 삼황오제시대를 전설의 시대라고 하는데, 근래 중국 각처에서 발굴되고 있는 청동의 솥과 잔에 그려진 그림들은 금문(金文)이라 하여 역사 사실로 복원하는 연구가 진행되고 있다. 이 금문은 그 동안 가장 오래된 글씨라는 갑골문(甲骨文)보다 앞선 문자로 상형문자의 시원이라는 평가를 받는다. 이밖에도 중국의 고대 성씨에 대해 참고할 수 있는 책은 많지만 서한(西漢, BC 206~AD 24)시대의 책《회남자(淮南子)》나《산해경(山海經)》, 춘추전국시절의《좌전(左傳)》,《국어(國語)》, 남송시대의《노사(路史)》, 당대의《남사(南史)》와《북사(北史)》, 송대 정초의《통지(通志)》 등을 들 수 있다.

중국의 역사 서술은 공자(孔子, BC 552~479)를 시원으로 보는 터이므로 주나라 이전의 중국 역사는 그 이후에 서술한 것이라 사실 여부를 가리기 힘들다. 다만 공자는 주나라를 본받아야 한다는 존주론(尊周論)을 편 사람이지만, 같은 시대 사람인 주나라 노자(老子)는 오히려 황제(黃帝)를 내세웠고, 그의 학문을 이어받은 장자(莊子, BC 365~290)는 신선사상을 정립해 중국 도교를 완성했다.

황제를 중국 황통의 첫 번째로 정리한《세본》이나 사마천의 제왕 체계는 공자의 영향을 받았던 것 같다. 묵자(墨子, BC 480~390)는 하나라 우왕(禹王)을 성군의 본보기로 내세웠고, 공자의 뒤를 이었던 맹자(孟子)는 공자와는 달리 요순(堯舜)을 본받아야 한다고, 저마다 다른 주장을 펴서 이들이 살았던 춘추전국시대를 제자백가(諸子百家)시대라 한다.

이처럼 중국의 역사는 같은 중국 안에서도 여러 이론이 없지 않았지만 사마천의 《사기》를 기본 삼아 황제(皇帝) 중심의 역사로 꾸며져 왔다. 그 대신 염제 신농씨 얘기 등은 전설로 다루었다. 그런데 발굴된 청동기에는 황제는 나타나지 않고 염제 신농씨를 중심으로 한 가계만이 나타나 혼란을 빚고 있다. 황하(黃河) 중심 문화보다 찬란했던 강남(江南) 문화 유적들이 잇따라 나타나는 것도 문제다. 그 동안 장강(長江) 남쪽은 황하 유역에서 쫓긴 만이(蠻夷)들이 개척한 곳으로 여겨 왔기 때문이다.

전설로 여겨 온 염제 신농씨 무덤이 호남성 다릉현〔株州市〕에서 발견되어, 1993년부터 정화사업이 진행되고 있다. 이 능 앞에는 967년 송 태조 조광윤(趙匡胤)이 묘당을 짓고 제사를 지냈던 기록이 있다.

1993년 호남성 주주시가 주최한 '제 문화 학술 토론회'에서 중국사회과학원 역사연구소 연구원 나곤(羅琨) 씨는 황하 중류 강수(姜水) 주변에서는 염제(炎帝)기, 장강 유역에서는 신농씨가 각각 농경을 발전시켜 두 지역의 전설과 신화의 대상이 되어 오다가 중국의 통일국가 시절인 서한(西漢) 때 이 두 사람이 한 사람으로 통합된 전설로 변했을 가능성을 주장했다. 실제로 전국시대 책이라는 《세본》에서는 한 사람으로 되어 있어 나곤 씨의 주장이 근거 없는 것은 아니다. 이 같은 주장을 뒷받침하는 다른 기록도 있지만 서진(西晉, 265~316) 시절 황보밀이 쓴 《제왕세기》를 보면 황제와 염제는 형제로 아버지는 소전(少典)이고 어머니는 유교(有蟜)씨의 딸 여등(女登)으로 임사(任姒)라고도 했다고 한 가계로 정리해 놓고 있다. 이 같은 기록들을 들어 오늘날 중국 사람들은 황제 자손이 아닌 염황지손(炎黃之孫)이란 말을 쓰지만 그 동안은 황제 자손은 화하(華夏) 집안이고 염제 자손은 동이(東夷) 집안이 되었다고 구분해 왔다.

특히 1161년 송나라 정초가 만든 《통지씨족략(通志氏族略)》은 확연히 두 집안을 다른 종족으로 구분해 놓았다. 신농의 후예는 모두 동이(東夷)로서 맥(貊), 융(戎), 만(蠻), 적(狄)으로 나뉘어 황하 밖으로 밀려난 집안이라는 것이다.

이에 따라 황제의 성은 희이고, 염제 신농의 성은 강이며, 산동 지방의 모(牟)나 애(艾), 주(邾), 여(呂), 래(萊), 로(路) 등은 모두 황제족에 쫓긴 동이로 신농 염제의 후예라는 분류이다. 이 같은 분류는 중국의 모든 소수민족과 성씨를 두 계통으로 구분하는 기준이 되었다.

7. 염제·황제 두 갈래

문자란 말의 부호로 출발했다. 그 흔적이 중국의 전설시대라 했던 삼황오제 때의 청동기 유물들에서 발견되고 있다. 청동기 때 문자는 상형문자이고 은허(殷墟) 갑골문(甲骨文)은 추상화한 점도 주목된다. 은허에서 발굴된 갑골문은 삼황오제 후대의 문자이고 춘추전국 시대를 지나면서 오늘날 중국 역사의 바탕이 된 12경(經)이 쓰여졌다.

이 시대의 주인공이 공자이고 그는 전란으로 괴로움을 받는 중국 사람들을 위해 왕도정치를 부르짖으며 하(夏)와 주(周)를 정통으로 하는 중국 역사를 정리했다.

2백 50여 년의 세월이 흘러 감숙성에 있던 제후국 진(秦)나라 정왕(政王, BC 259~210)이 중국을 통일하고 스스로 옛 황제들은 가짜이고 진짜 황제는 자기부터라면서 시황(始皇)을 자처했다. 이 집안은 염제 신농씨 후예인 순(舜)임금과 그 손자 백익(伯益)의 후손이었다. 그는

34

그의 선조인 염제 신농씨계를 부정하고 황제 후손의 나라인 하와 주를
정통으로 체계화한 공자 중심의 유교 서적을 모아 불살라 버렸다. 이것
은 황제족에 쫓겨 서북쪽 산간지에서 말이나 기르며 살던 자기 선조들
의 앙갚음이기도 했다. 그래서 그는 스스로 진짜 황제의 시초는 자기라
는 오기로 시황제(始皇帝)라 한 것이다.

그러나 이 나라는 시황제가 죽자 3년 만에 황제족의 후예 유방(劉
邦, BC 247~195)에게 망하고 염제족 후예 진시황(秦始皇)은 분서갱유
(焚書坑儒)의 악인으로 기록된다. 염제계 후예인 진시황 황통을 없앤
한(漢)나라는 다시 유교 정통 국가가 되었다.

한나라는 사마천으로 하여금 황제족을 중심으로 한 《사기》를 쓰도
록 임무를 주었다. 사마씨(司馬氏) 가문은 그 성씨에 나타나 있듯이 말
을 길렀고 진시황에게 동정적인 염제 신농씨계의 후손이었다. 그는 같
은 족계(族系)로 흉노에 굴복한 이능(李陵)을 변호한다는 죄목으로 불
알을 까이는 혹독한 형벌〔宮刑〕을 받으며 2년 동안 옥살이를 한 뒤 신
농씨 계열을 낮추고 황제계를 미화하는 역사서를 쓰고 죽었다. 그러면
서도 황제의 아들 소호 김천씨를 자기와 같은 동이족(東夷族)의 수장이
라고 오기를 부려 놓았다.

역사란 이처럼 사실과 다르게 기록될 수도 있는 것이다. 누가 어떤
상황에서 쓰느냐에 따라 사실과 달라질 수도 있고 정치적 목적으로 곡
필될 수도 있다. 정통 황제를 조상으로 생각하는 중국 사람 처지에서
보면 중국 최후의 왕조 청(淸)나라는 오랑캐들이다. 청나라가 들어서서
그 동안 업신여겼던 금석문(金石文)이란 학문이 유행을 이룬다.

시대를 살아가는데 가장 영악한 무리들이 지식인 그룹이다. 이들이
금석문에 진력한 것은 그때까지의 황제 중심 역사 기록을 부정하려면
미처 글로 다듬지 못한 옛날 비석이나 청동기에 쓰인 글자를 모아 청나

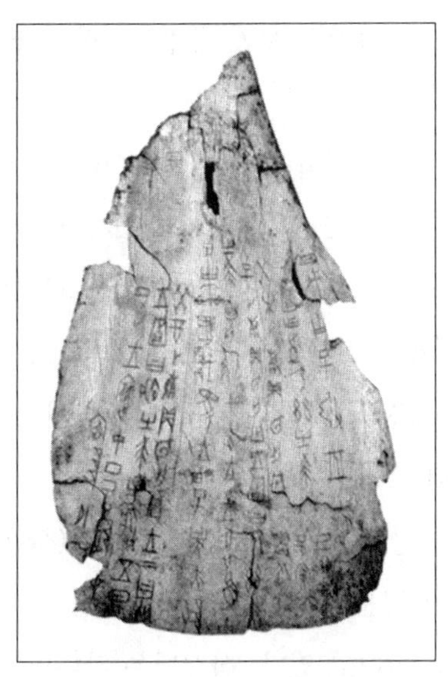

은나라 시대 갑골문

라 조정의 중국 통치 정당성을 주장할 근거를 찾아내야 했다. 이처럼 시대의 필요에 따라 새로운 학문은 발전하는 법이다.

1899년 드디어 하남성 안양현 시골에서 거북 등뼈에 새겨진 갑골문자가 쏟아져 나오면서 그 동안의 중국 역사책에는 소홀하게 다루었던 은나라가 튀어나왔다. 그 동안 전설의 인물로 취급했던 하나라 우왕도 서주(西周)시대 수공(遂公)이란 사람이 만든 제기에 쓰인 98개 문자 가운데 그 공덕이 나타나 있음을 2002년 11월 북경 바오리(保利) 예술박물관 학예팀이 밝혔다.

청대 초기 사람 고염무(顧炎武, 1613~1682)는 금석문을 채집해《금석문자기(金石文字記)》라는 책을 쓴 고증학의 창시자이다. 물론 그 이전에 북송 때 구양수나, 남송의 설상공 등이 있으나 청말의 오대징(吳大澂, 1835~1902)이 그것을 해독하는 데 크게 이바지했다.

이 때문에 땅속에 묻혀 있다가 발굴되는 청동기의 문양과 명문들이 해독되면서 그 동안 전설로 버려두었던 삼황오제의 일부가 실재했음을 알게 되었다. 이처럼 학문은 발전하는 것이고 기록과 다른 유물·유적들이 계속 발굴되어 역사마저 재해석되는 것이므로 중국 25사(史) 따위에 기대어 한국의 상고사를 복원하려고 드는 것은 안타까운 일일 수 있다.

아직 중국의 청동기 금문이 정확하게 해독을 끝낸 것은 아니지만 전설의 오제(五帝)시대는 모계사회였고 그 가계는 모계 중심이었음이 밝혀지고 있다.

근래《금문신고(金文新考)》를 쓴 중국 사람 낙빈기〔駱賓基, 본명 장박군(張璞君), 1917~1994〕 같은 사람은 조선(朝鮮)의 조(朝)자가 하나님〔丨〕과 하누님〔一〕, 하날님〔日〕에게 제사한다는 뜻의 상형문자이고, 조정(朝廷)이라는 말도 '젯마당'을 뜻한다고 설명하고 있다. 조상 제사터인 사당을 뜻하는 묘(廟)자도 조선의 나라 이름 조(朝)자에 집〔广〕을 세워 제사 지내는 집을 뜻한다.

근래 이 분야 연구에 정진하고 있는 장성 출신 금문학자 김재섭(金在燮, 67세) 씨는 그 동안 중국의 청동기 금문에서는 신농씨 기호는 나타났지만 황제 기호는 발견되지 않았다고 밝히고 있다. 삼신님은 하나님인 신농씨, 하누님인 뉘조(嫘祖), 신농씨의 아들 해〔日〕님 희화〔羲和, 대화(大禾), 선직(先稷)〕를 제사 지낸 신농의 손자 고양〔高陽, 전욱(顓頊)〕의 기문에 나타난다는 것이다.

이 금문에서 기본되는 표지는 하늘에서 땅으로 그은 작대기로 하늘에서 내려온 귀신〔神〕이며 하나님을 뜻하는 丨자로 표시했다. 옆으로 그은 하나〔一〕는 누에로, 그리고 이 하늘 작대기를 땅에 꽂을 때 세상이 열리는 열 십(十)자가 된다. 금문에서 여자는 나방, 여우 등으로 나타내거나 작대기를 붙들고 있는 형태로 그려져 있다. 이 여우에서 여와(女媧, 女狐, 女華, 여호와, 九尾狐, 女修)가 나왔고 이 여인이 황토로 사람을 만들었으며 하(夏)나라 우(禹)임금의 부인이 되었다는 해석을 이끌어 내고 있다.

오늘날 중국은 간체(簡体)라는 글자를 쓰고 있지만 한국에서 통용되는 한자는 진나라 때 개발된 전자(篆字)를 기본으로 예자(隷字)를 거쳐 해자체(楷字体)로 발전해 왔다. 하주(夏周)시대까지도 지금 우리가 흔히 보는 한자가 아니라 금문이나 갑골문에서 보는 상형글자뿐이었다〔왕헌당(王獻唐) 지음,《염황씨족문화고(炎黃氏族 文化考)》, 38쪽〕.

뒷날 오랑캐라 부르게 된 이(夷)자는 사람이 무릎을 구부리고 서서 손을 앞으로 내민 형태의 글자였다. 물론 지금처럼 여러 가지 뜻을 포함하는 글자는 없었고 자수도 많지 않았다.

황제의 성이 희(姬)이고 염제의 성이 강(姜)이라 한 것도 아주 후대에야, 즉 신라가 9성(姓)을 정했다는 것과 마찬가지로 후세 사람들이 만든 구분 성씨이지 당시에 이런 성자가 있던 것은 아니었다. 뒷날 동이족이 된 신농씨 집안의 표지는 양의 뿔로 표시했다. 근래 중국 왕국유(王國維)가 쓴《은상제도론(殷商制度論)》을 보면 중국에서 씨, 성제도가 시작된 것은 주나라(BC 1134~249) 때라 하므로, 이때 구전되어 오던 피갈래를 중심으로 금문에는 기호뿐이던 인물에 황제니 신농이니 이름을 짓고 성씨도 만들었다고 볼 수밖에 없다.

사마천 이후 중국 계보체계에 따르면 황제(皇帝) → 소호 김천씨(少昊金天氏) → 전욱 고양씨(顓頊高陽氏) → 제곡 고신씨(帝嚳高辛氏) → 제지(帝摯) → 제요 도당씨(帝堯陶唐氏) → 제순 유우씨(帝舜有虞氏)였다. 이 체계에서 황제의 아들은 모두 25명이었다. 그 가운데 14명의 아들이 12개 성(姓)을 갖고 손자가 고양씨(高陽氏), 증손자가 고신씨(高辛氏)라고 정리해 왔다.

그런데 금문에 나타난 바에 따르면 황제 → 소호 → 교극(喬極) → 제곡 고신으로 이어지는 가계와, 신농 → 희화 → 전욱 고양으로 이어지는 가계가 달랐다는 해석이 나왔다. 지(摯)·요(堯)·우(禹)·기(棄)는 모두 고신의 아들들로 우의 후손이 하나라를 세우고 기의 후손이 주나라를 세웠다.

신농씨 가계인 전욱 고양씨 손자가 순(舜)과 설(契)이며 설의 아들이 상(商 = 殷)나라를 세웠다. 순 → 고요(皐陶) → 백익으로 이어지는 가계에서 뒷날 진(秦)나라 시황제가 나왔다. 사마천의 《사기》에는 염제 계열의 고요나 백익이 없고 설이나 순이 모두 황제 후손이다.

- 황제 → 소호 → 교극 → 고신 → 지, 요, 우, 기 : 하(夏), 주(周), 한(漢)
- 신농 → 희화 → 전욱 → 곤(鯀) → 순 → 도요 → 백익 : 은(殷), 진(秦)

《금문신고》를 쓴 중국의 낙빈기 씨는 금문의 초기 기록을 분석하면 중국 신화시대는 모계에서 부계로 전환되던 과도기로, 서쪽에 살던 남자는 머슴이 되어 처갓집으로 장가를 가서 서방님이 되었다. 서방님은 남동생이나 조카를 데리고 갔기 때문에 여자쪽에서 보면 서방님이 데리고 온 또 다른 서방님이며 '도련님(데련님)'으로 여자의 또 다른 씨받이가 되었다. 여자는 자기 가계의 여동생이나 조카딸과 더불어 서방님과 서방님이 데려온 남자의 씨를 서로 받는 중층(重層) 원시 혼인상태〔혼음시대〕에 있었기 때문에 부계 중심 관념으로 피갈래를 따질 수 없다고 결론 짓고 있다. 금문의 내용으로 보면 황제와 염제 집안은 초기에 서로 형제들이 함께 여자집으로 가서 여자 형제들과 섞여 다부다처 혼음 처가살이를 하다가 순임금 때 이르러 일부일처제가 정착되었고 모계 상속제도가 부계 상속제도로 변한 것은 우임금의 아들 계(啓) 때부터 시작된 것으로 보인다고 해석하고 있다.

일부 세계에서 우임금을 곤의 아들로 정리하고 있으나 곤은 염제 신농계로 전욱 고양씨의 아들이며 우임금은 곤의 사위이며 황제의 증손자 제곡 고신씨의 아들로 결론 짓고 있다. 이처럼 중국 5제시대의 가계는 사위가 처가살이를 했던 모계시대라 후세에 장인을 아버지로 오해할 수

있게 되어 있다. 앞서 설명한 것처럼 중국의 성씨는 주나라 때 체계를
세우게 되어 수많은 성씨가 이때 생겨났다. 당 태종 때(630년), 고사겸
등이 만든 《정관씨족지(貞觀氏族志)》에 올라 있는 중국 성씨는 293성
이었다. 1161년 송나라 고종 때 만든 정초의 《통지씨족략》에 나와 있는
중국 성씨는 2,012성이었다. 송나라는 조광윤(趙匡胤)이 세운 나라로
지방 토호와 군벌의 발호를 막기 위해 군주제를 강화하면서 당나라 때
까지 일부 인정하던 토호 중심의 9품관인제를 철폐했기 때문에 비로소
백성의 일반 성도 파악되었다. 1980년대 간행된 중국 성씨 사전들은 중
국의 성이 5,730개이라고 쓰고 있지만 1987년 중국과학유전연구원은
11,969성에 이른다고 밝힌 바 있다.

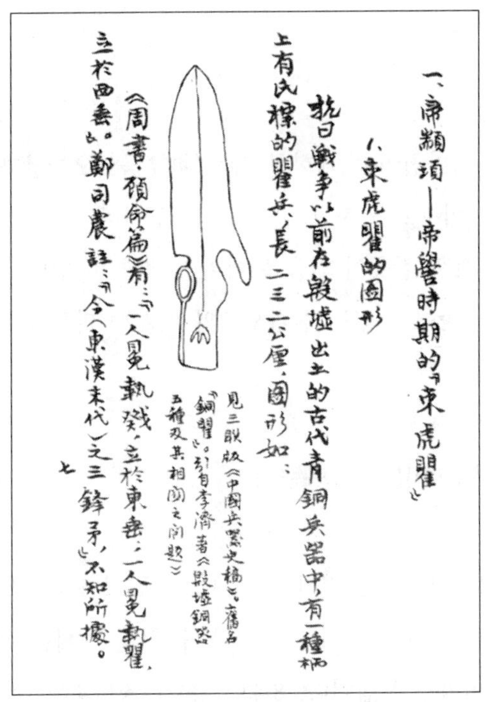

낙빈기의 《금문신고》 가운데 제곡(帝嚳) 항목

8. 중국 성씨 발생의 체계

한나라 때 사마천이 체계화한 세보(世譜)는 오늘날까지 중국 성씨
계보의 근원을 이루고 있지만 청동기의 문양과 금문을 중심으로 나타난
세계(世系)로 보면 잘못이 있음은 이미 지적한 바 있다. 그러나 황보밀
이후 정설처럼 굳어져 있는 삼황오제의 체계는 다음과 같다.

(1) 태호 복희씨(太昊伏羲氏)

《사기》에는 없고 황보밀의 《제왕세기》에 있다. 파국(巴國)의 시조
로 성은 풍(風)성이다. 불씨를 발명한 수인(燧人)씨를 이었다. 전설에
몸은 뱀이고 머리는 사람이다. 8괘(八卦)를 창안하고 고기잡이와 목축
을 가르쳤다. 동방천제로 동이족(東夷族)의 시조다.

이 세계(世系)에서 여와(女媧)는 태호를 이은 제2대 제왕으로 정리하고 있으나, 여와의 글자에서 보듯이 이 왕은 여성으로 뱀의 요정이며 태호 복희씨의 오누이면서 부인으로 나오기도 한다. 회하(淮河) 유역에 살았다.

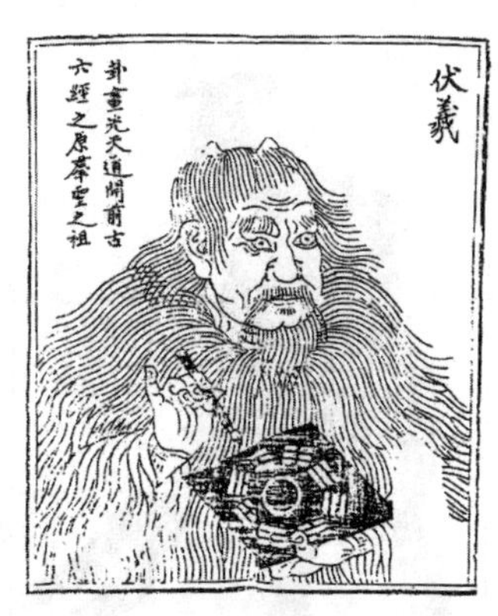

태호 복희씨 석각상

한나라 때 그린 석각화(石刻畵)에는 사람의 얼굴을 하고 몸둥이는 뱀으로 그려져 있다. 이를 후세 학자들은 인류의 원조가 파충류에서 진화했다는 사고를 상징화한 것이라고 해석하고 있다. 중국 전설에서 여와는 진흙으로 사람을 만들었다. 그는 출생을 주관하는 신으로 삼신님의 하나가 되었다.

후손들이 15대 1만 7797년을 이은 뒤 염제 신농씨에게 망했다. 명나라 때 감숙성 천수서관(天水西關)에 묘당을 지어 모셨다. 장지는 호남성 회양성(淮陽城)이다.

(2) 염제 신농씨(炎帝神農氏)

성은 강(姜)으로 태호 복희씨의 마지막 임금 무회씨(無懷氏)를 이었다. 섬서성 기산(岐山)에서 흐르는 강수(姜水)가에서 자랐다. 농사짓는 따비를 개발하고 약초로 백성들의 병을 다스렸다. 뒤에 산동성 곡부에서 살다가 호남성 다릉(茶陵)에 묻혔다. 호는 열산(烈山)씨라고 한다. 도읍은 산동으로 노(魯) 땅에 있었다. 306년이 지나 7대 유망(楡罔) 대에 황제 헌원씨에게 망했다. 염제란 불 쓰는 법을 개발했다는 황제 이

염제 신농씨

름이며 신농은 농사법을 개발하고 가르친 우두머리라는 뜻이다.

근래 금문학자들은 신농이 황제의 자리에 오른 것은 BC 2517년 상원갑자(上元甲子)라고 풀이했다. 대만(臺灣) 학생서국(學生書局)이 간행한 《오천년 중국 역대세계표(歷代世系表)》를 보면 신농의 원년을 BC 3218년 계미년(癸未年)으로 계산하고 있다.

《역경(易經)》은 이렇게 쓰고 있다. "태호 복희씨인 포희(包犧)가 죽자 신농이 나타났다. 나무를 깎아 따비날을 만들고, 나무를 휘어 따비를 만들어 밭갈이하는 기술을 천하 사람들에 가르쳤다. 모든 사람들이 저마다 물건을 가지고 와서 서로 온갖 천하의 산물을 바꿔 가게 하는 시장을 세웠다."

유교씨의 딸 여등이 신룡(神龍)의 감응을 받아 염제를 낳았다. 염제는 모습이 몸은 사람이지만 머리는 소머리로 인신우수(人身牛首)였다. 강수(姜水)에서 자라 성을 강(姜)이라 했다. 불[火]의 덕을 사람에게 베풀어 염제라 했다. 모든 사람에게 농사짓는 법을 알려 주고 오현금이란 악기를 만들었으며 복희(伏羲)가 만든 8괘를 64효로 발전시켰다. 120년 동안 임금자리에 있다가 죽어 호남성 장사(長沙)에 매장됐다.

(3) 황제 유웅씨(黃帝有熊氏)

성은 희(姬)였고 이름을 헌원(軒轅)이라 했다. 희수(姬水)가에서 태

어나 헌원 땅에서 자랐기 때문
이다. 본디 성을 공손(公孫)이
라 적은 것도 있다. 흙으로 덕을
쌓았으므로 흙의 색깔을 따서
황제라 하였다. 헌원이라는 나
라는 유웅(有熊, 하남성 신정)
땅에 있었으므로 호를 유웅이라
했다. 수도는 탁록에 있었다. 나

헌원 황제 묘

이가 3백 세였고 재위 기간은 1백 년이다. 부인은 서릉(西陵)씨의 딸 뉘
조(嫘祖)였고 아들이 25명이었는데 그 가운데 14명의 아들에게 12성을
주었다. 12성은 기(祁), 기(己), 등(藤), 감(減), 임(任), 순(荀), 길
(姞), 희(嬉), 의(依), 현(儇), 희(姬), 유(酉)이다.《집해(集解)》에는
아버지가 유웅국 소전이고 어머니가 부보(附寶) 또는 유교(有蟜)의 딸
이라고 했다.

금문학자들은 황제가 금문에 나타나지 않고 염제 신농씨가 재위 43
년 만인 BC 2474년 사위인 소호 김천씨에게 양위했다고 풀이하고 있다.
《사기》에 따른《오천년 중국 역대세계표》는 황제의 재위 기간을 BC
2698~2598년으로 정리하고 있다. 장지는 섬서성 황릉현 교산(橋山)으
로 지금까지 이곳에 능묘가 있다.

(4) 소호 김천씨(少昊金天氏)

성은 기(己)이고 이름은 지(摯)인데 현효(玄囂) 또는 청양(靑陽)이
라고도 한다. 김천(金天)은 호로 궁상(窮桑)이라고도 한다. 황제의 아

소호 김천씨 능(산동성)

들로 기씨 성의 시조이다. 쇠 붙이로 덕을 베푼 왕으로 수도를 곡부에 두었다. 재위 84년이었으며 1백 년을 살았다. 《오천년 중국 역대세계표》에 따른 재위 기간은 BC 2598~2515년이다. 금문학자들은 재위 기간을 BC 2474~2467년까지의 7년 동안으로 본다. 능이 산동성 곡부 운양산에 삼각형 피라미드 형으로 남아 있다.

《회남자(淮南子)》에는 구망(句芒)과 욕수(溽水)가 모두 그 후손으로 감숙성 돈황현의 삼위(三危)의 땅까지 다스린 서방천제라 했다. 사마천은 소호 김천씨에 대해 전혀 언급하지 않았다.

(5) 전욱 고양씨(顓頊高陽氏)

성은 희(姬)이다. 황제의 손자로 창의(昌意)의 아들이다. 서울은 하남성 복양(濮陽)이며 105세를 살았다. 재위 기간은 78년 동안이다. 고양국(高陽國)에 살았으므로 호를 고양이라 했다.

《오천년 중국 역대세계표》는 전욱제가 BC 2514년부터 2437년까지 77년 동안 재위에 있었던 것으로 정리했다. 금문 해석으로는 BC 2467년 갑인년(甲寅年)부터 2420년까지 47년 동안이다. 물론 전욱은 황제의 친손자가 아닌 외손자로 염제 신농씨의 손자이며 소호 김천씨의 사위이지만 당시는 모계시대였기 때문에 후세 학자들이 아들로 착오를 일으키고 있다고 보고 있다.

(6) 제곡 고신씨(帝嚳高辛氏)

성은 희(姬)이고 황제의 증손자로, 이름은 준(夋)이며 교극의 아들이다. 나라 이름은 고신(高辛), 왕도는 주호(主毫)였으며 재위 70년에 150세까지 살았다. 아들은 지(摯)와 요(堯), 기(棄)다.《오천년 중국역대세계표》는 BC 2437년에 제위에 올라 2357년에 요에게 양위했다.

금문 해석은 신축년(辛丑年)인 BC 2420년에 제위에 올라 2365년에 제지(帝摯)에게 양위했다. 전욱 고양씨는 장인이었다. 처가살이를 했던 모계 때라 아들로 착각한 곳이 많다. 장지는 하남성에 세 곳이나 있다.

(7) 제요 도당씨(帝堯陶唐氏)

요(堯)임금이라 부른다. 성은 이기(伊祁)이며 이기산 방훈에서 태어났다. 제곡의 아들이며 제지의 동생이다. 왕도는 산서성 임분현 평양(平陽)이며 재위 100년, 나이는 118세였다.《역대 세계》는 BC 2357년에 왕위에 오르고 2257년에 양위한 것으로 정리하고 있다.

금문학자들은 BC 2357년에 제위에 올라 2320년에 양위해 37년 동안 왕위에 있었던 것으로 본다. 도당은 젊었을 때의 봉지 이름이다.

이때 왕위의 부자계승을 뜻하는 소목(昭穆)이 어겨졌다. 지금 사람들은 소목이 사당에 신주를 모실 때 왼쪽 줄을 소, 오른쪽 줄을 목이라 하여 홀수와 짝수의 세위(世位)로 생각하지만 원뜻은 황제집과 염제 신농집이 교대하는 차서(次序)를 뜻한다. 요임금 때 이르러 처족인 신농 집안 사람이 왕위를 잇지 않고 형을 이어 동생이 제위에 올랐기 때문에 뒷날 혁명의 원인이 되었다.

(8) 제순 유우씨(帝舜有虞氏)

순임금

순임금으로 성은 요(姚)이고 이름은 중화(重華)이다. 《사기》에는 창의(昌意)의 7세손이라 하였다. 왕도는 호남성 영원현 포판(浦坂)이었고 재위 37년에 나이는 112년이었다. 《역대 세계》에서는 BC 2257년에 재위에 올라 2020년에 우왕(禹王)에 선양했다.

금문학자들은 BC 2320년에 제위에 올라 9년 만인 2311년 우왕에게 무력으로 제위를 찬탈당한 것으로 본다. 순임금은 산동성 제성현에 살았던 동이족으로 고양씨의 손자라 한다. 호남성 영원현 구이산에 묻혔다.

(9) 삼대[三代 ; 하(夏), 상(商)=은(殷), 주(周)]

1) 하나라 우왕(禹王)

우왕의 성은 사(似)이고 이름은 문명(文命), 황제의 후손이다. 순임금의 뒤를 이어 BC 2057년 하나라를 세웠다. 아들들을 여러 봉지에 보냈으며 새로 붙인 성이 신(辛)씨를 비롯한 13개에 이르렀다. 부계상속이 시작된 것이다.

15세(世) 17왕 432년 만인 BC 1765년에 걸왕(桀王)이 상(商)나라 성탕(成湯)에게 망했다. 금문 해석에 따르면 요임금 아들이며, 곤은 그의 장인이다. 신농계 고양의 손자 백익(伯益)이 우왕을 이어 왕위에 올랐으나 우왕의 아들 계(啓)가 찬탈했다.

2) 상나라 성탕(成湯)

성은 자(子), 이름은 이(履)다. 나라 이름은 상이었으며 17세 30왕 645년 만인 BC 1121년 주나라 무왕에게 망했다. 성탕의 선조는 설(契)이며 제곡 고신의 아들이다. 나이가 100세였으며 12년 재위 뒤 둘째 아들 외병(外丙)에게 왕위를 물려 주었다. 은(殷), 내(來), 송(宋), 공동(空桐), 북은(北殷), 목이(目夷), 치(稚)씨 등 봉지의 이름에 따라 후손의 성이 여럿이다.

금문 해석에 따르면 설은 제곡 고신씨 후손이 아니라 신농계 순임금 후손이다. 상나라는 은나라라고도 한다.

3) 주나라 무왕(武王)

무왕의 성은 희(姬)이다. 은나라 주신(紂辛)을 멸하고 BC 1134년 주나라를 세웠다. 주나라는 37세 37왕 867년 만인 BC 249년에 진시황에게 망했다.

무왕의 선조는 기(棄)로 황제계 제곡 고신의 아들이었다. 형제와 아들들에게 봉지를 주어 수백 개의 성이 생겨났다. 당시 제후국이 1,800여 개에 이르렀다고 한다. 기는 죽어서 백곡을 관장하는 후직(后稷)신이 되었다. 선직은 신농의 아들 희화〔義和, 대화(大禾)〕이다.

(10) 주나라 때 제후(諸侯)와 성씨

1) 노(魯) 후작(侯爵)

무왕의 아들 성왕(成王)이 13세에 왕위에 오르자 무왕의 동생 주공

48

(周公) 단(旦)은 섭정을 잘하여 그의 아들 백금(伯禽)이 노(魯) 땅을
봉지로 받았다. 이에 따라 그 후손들은 노(魯)라는 성을 쓰게 되었다.
초(楚)나라 효열왕에게 망했다.

2) 진(晉) 후작

무왕은 아들 숙우(叔虞)에게 봉지를 주어 진나라 왕이 되게 했다.
한, 조, 위 삼국에 흡수되었다. 역사시대 진(晉)나라(AD 265년 개국)
는 이 제후국이 아니다.

3) 위(衛) 후작

무왕의 동생 강숙(康叔)이 받은 봉지이다. 후손들이 성을 강(康)으
로 썼다.

4) 채(蔡) 후작

무왕의 동생 숙도(叔度)가 받은 봉지이다. 초나라 혜왕에게 망했다.

5) 조(曹) 백작(伯爵)

무왕의 동생 숙진탁(叔振鐸)이 받은 봉지 이름이다. 조(曹)라는 성
은 서기 220년 위(魏)나라를 세운 조조(曹操)가 시조이다. 주나라 조국
(曹國)은 진시황에게 망했다.

6) 정(鄭) 백작

주나라 11대 선왕(宣王)의 이복동생 환공(桓公)이 공을 세워 정(鄭)
땅의 백작이 되었다. 한(韓)나라에게 망했다.

7) 연(燕) 후작

주나라 왕실의 소강공(召康公)이 받은 봉지 이름이다. 진시황에게 망했다.

8) 오(吳) 자작(子爵)

주나라 왕실 태백(太伯)의 후손 주장(周章)이 받은 봉지로 월(越)왕 구천(勾踐)에게 망했다.

9) 우(虞) 공작(公爵)

문왕(文王)의 족손 우중(虞仲)이 받은 봉지로 진(晉) 헌공에게 통합되었다.

10) 등(藤) 후작

문왕의 아들 등후가 받은 봉지이다.

11) 장(蔣) 후작

문왕의 아들 백령(伯齡)이 하남성 고시현 땅에 받은 봉지이다.

(11) 주나라가 이성(異姓)에게 준 제후(諸侯)

1) 제(齊) 후작

성은 강(姜)으로 신농의 후손이다. 하나라 우왕 때 여후(呂侯)가 되고 그 후손 태공망(太公望) 여상(呂尙)이 주나라 무왕의 상부가 되어 제(齊) 땅을 봉지로 받았다. 전화(田和)에게 나라를 빼앗겼다.

2) 송(宋) 공작

은나라 왕족으로 마지막 왕 주(紂)의 이복형 미자(微子)의 봉지이다. 성은 자성(子姓)이다. 제, 초, 위 삼국에 분할되었다.

3) 진(陳) 후작

순임금의 후손으로 성은 위(撝)다. 무왕이 후작에 봉했으나 645년 뒤 초나라 혜왕에게 망했다.

4) 초(楚) 제후

전욱 고양씨 후손 오회(吳回)의 자손인 웅택이 주나라 성왕 때 형만의 땅을 받아 국호를 초라 했으나 진시황에게 망했다. 성은 신(莘)이었다.

5) 월(越) 자작

우왕의 후예라 하며 성은 사(似)이다. 하나라 6대 왕 소강(小康)이 그의 서자 무여(無餘)에게 희계를 봉지로 주어 우왕을 제사케 했다. 구천 대에 이르러 월(越)왕으로 오(吳)를 멸했으나 7세 뒤 초나라에게 망했다.

6) 기(杞) 자작

주 무왕이 우왕의 후예 동루(東樓)공에게 기 땅의 봉지를 주었다. 초나라 혜왕에게 망했다.

7) 허(許) 남작

성이 강(姜)이었음을 보면 신농계이다. 주 무왕 때 문숙(文叔)이 허

땅을 봉지로 받았다. 정(鄭)나라에게 망했다.

8) 주(邾) 자작

성은 조(曹)이며 전욱 고양씨계 육종의 후예이다. 극(克)이 주나라 개국에 공을 세워 산동성 주(邾) 땅을 봉지로 받았다.

9) 거(莒) 자작

성은 영(嬴)이다. 소호 김천씨 후손으로 주 무왕이 자작을 주었다.

이처럼 중국의 성은 삼황오제 시절에는 어머니 고향 땅 이름을 썼다가 주나라에 이르러 남자가 맡은 봉지 이름이 성이 되었다. 이 때문에 성씨의 분화가 적었던 고대 발생 성씨는 민족 이동과 성쇠를 살피는 자료로 쓸 수 있다.

다만 중국 후세 기록들이 모두 황제 일가에 뿌리를 잇댐으로써 구이팔만(九夷八蠻)이 된 염제 신농계와 구분하기 힘든 점이 없지 않다.

만일 한국의 씨족들이 중국에서 건너왔다면 민족의 이동과 각 국가 구성원의 성분 분석이 가능하다고 할 수 있다. 참고로 중국의 성씨를 삼황오제와 삼대(하·은·주)의 묘예(苗裔)를 중심으로 나누면 다음과 같다(한국에 있는 성씨를 중심으로 한 구분이라 중복 성씨도 있다).

- **황제계(黃帝系) 씨성(氏姓) : 희(姬) ― 198성(姓)으로 분화**
  - 소호계(少昊系) : 임(任), 기(己), 김(金), 윤(尹), 장(張), 온(溫)
  - 제요계(帝堯系) : 유(劉), 이(伊), 사공(司空), 도(陶)
  - 고신계(高辛系) : 초(楚), 웅(熊), 심(沈), 장(莊), 백(白), 손(孫)
  - 주(周) 문왕계(周文王系) : 곽(郭), 노(魯), 강(康), 연(燕),

진(晉), 장(蔣), 안(安), 선(宣), 성(成), 예(芮), 조(曹), 정(鄭), 남(南), 변(卞), 방(方), 유(柳), 감(甘), 하(何), 맹(孟), 모(毛), 유(兪), 양(楊), 국(鞠)

· 하우계(夏禹系) : 사(姒), 하(夏), 신(辛), 우(禹)

● **염제계(炎帝系) 씨성 : 강(姜), 강(羌), 신(神), 신(申)**

· 희화계(羲和系) : 대화(大和), 화(和), 여(黎), 기(埼), 착(浞)

· 전욱계(顓頊系) : 권(權), 이(李), 위(韋), 주(朱), 제(諸), 여(呂), 정(程), 염(廉), 팽(彭), 모용(慕容), 고(高), 성(成), 전(田), 초(楚), 조(曹), 모(牟)

· 백익계(伯益系) : 김(金), 마(馬), 서(徐), 여(余), 위(魏), 영(嬴), 진(眞), 견(甄), 진(辰), 송(宋), 황(黃), 소(蘇), 전(錢), 갈(葛), 진(秦)

· 제순계(帝舜系) : 요(姚), 규(嬀), 왕(王), 진(陳), 여(麗), 조(趙), 호(胡), 홍(洪)

· 은상계(殷商系) : 자(子), 은(殷), 어(魚), 공(孔), 선우(鮮于), 한(韓), 기(奇), 손(孫), 기(箕), 변(邊)

· 강태공계(姜太公系) : 양(梁), 정(丁), 노(盧), 허(許), 환(桓)

● **중국의 10대 성(1988년 《인민일보》 보도)**

이(李, 8,700만 명), 왕(王, 8,000만 명), 장(張, 7,800만 명), 유(劉, 6,000만 명), 진(陳, 5,000만 명), 양(楊), 조(趙), 오(吳), 황(黃), 주(周)

● 중국 성씨별 왕조

　· 희(姬)씨 : 황제(黃帝), 주(周), 오(吳, BC 585~473), 노(魯), 진
　　　　　　　(晉, BC 1106~?), 연(燕, BC 1106~222)

　· 사(似)씨 : 하우〔夏禹, 황제계(黃帝系)〕

　· 자(子)씨 : 상(商), 은〔殷, 계(契), 탕(湯)〕- 순제후(舜帝后)

　· 여(呂)씨 : 제(齊, BC 865~379)

　· 전(田)씨 : 제(齊, BC 386~221)

　· 한(韓)씨 : 한(韓, BC 408~230)

　· 웅(熊)씨 : 초(楚, BC 847~223)

　· 영(嬴)씨 : 진(秦, BC 207~50)

　· 유(劉)씨 : 한(漢, BC 206~AD 220), 촉한(蜀漢, 221~263),
　　　　　　　후한(後漢, 947~955), 남한(南漢, 909~971)

　· 조(曹)씨 : 위(魏, 220~265)

　· 손(孫)씨 : 오(吳, 222~280)

　· 사마(司馬)씨 : 서진(西晉, 265~316)

　· 석(石)씨 : 후조(後趙, 319~351), 후진(後晋, 936~946)

　· 모용(慕容)씨 : 전연(前燕, 337~370), 선비계(鮮卑系) 후연(後
　　　　　　　燕, 383~409)

　· 부(符)씨 : 전진(前秦, 351~394)

　· 요(姚)씨 : 후진(後秦, 384~417)

　· 이(李)씨 : 성한(成漢, 302~347), 서량(西涼, 400~421), 당
　　　　　　　(唐, 618~907), 후당(後唐, 923~936), 남당(南唐,
　　　　　　　937~975)

　· 장(張)씨 : 전량(前凉, 301~376)

　· 풍(馮)씨 : 북연〔北燕, 409~436, 대연(大燕)〕

· 소(蕭)씨 : 남제(南齊, 479~502)

· 진(陳)씨 : 진(陳, 557~589)

· 탁발(拓拔)씨 : 북위(北魏, 386~550), 하(夏, 982~1227)

· 고(高)씨 : 북제(北齊, 550~577), 형남(荊南, 907~963)

· 양(楊)씨 : 수(隋, 581~619), 오(吳, 892~937)

· 주(朱)씨 : 후량(後梁, 951~960)

· 왕(王)씨 : 전촉(前蜀, 907~925), 민(閩, 897~945)

· 맹(孟)씨 : 후촉(後蜀, 934~965)

· 마(馬)씨 : 초(楚, 907~951)

· 전(錢)씨 : 오월(吳越, 907~978)

· 조(趙)씨 : 송(宋, 960~1279)

· 야율(耶律)씨 : 요〔遼, 916~1211, 거란(契丹)〕

· 완안(完顔)씨 : 금〔金, 1115~1234, 여진(女眞)〕

· 애신각라(愛新覺羅)씨 : 청(淸, 1616~1912)

● 베트남 성씨별 왕조

· 정(丁)씨 : 정조(丁朝, 968~980)

· 오(吳)씨 : 오조(吳朝, 968~964)

· 이(李)씨 : 이조(李朝, 1009~1225)

· 진(陳)씨 : 진조(陳朝, 980~1409)

· 여(黎)씨 : 여조(黎朝, 980~1009, 1428~1789)

· 막(莫)씨 : 막조(莫朝, 1527~1592)

· 정(鄭)씨 : Trinh Kiem(鄭檢, 1539~1787)

· 완(阮)씨 : 광남조(廣南朝, 1558~1777), 완조(阮朝, 1808~1945)

9. 중국의 족보 발전

중국의 성씨 체계는 사마천의 《사기》 세표(世表)에서 시작되었다고 할 수 있다. 물론 진나라 때 황모밀(215~282)의 《제왕세기》에서 많은 수정이 가해졌지만 그는 진시황(BC 247~207)을 무너뜨린 유방의 한(漢, BC 206~AD 220) 왕조에서 한 왕조의 정통성을 기록하는 사관으로 역사 기록을 강제 받은 처지에서 《사기》를 썼던 셈이다.그는 〈오제 본기〉, 〈하·은·주 본기〉 등을 다루면서 제왕 가족의 세계를 황제 위주의 한나라 중심으로 정리하고 동이계인 복희나 소호 김천씨, 신농씨 등은 생략해 버렸다.

이후 모든 중국의 보첩(譜牒)은 사마천의 세표를 중심으로 꾸며진다. 그는 삼황(三皇) 가운데 황제 헌원씨만 다뤘지만 후대에 이르러 삼황은 태호 복희씨, 염제 신농씨, 황제 유웅씨라 했고 오제(五帝)는 소호 김천씨, 전욱 고양씨, 제곡 고신씨, 제요 도당씨, 제순 유우씨라

56

했다. 삼대(三代)는 하·상·주로 체계화했다. 이 세표는 청나라에 이르는 동안 8종(種)으로 바뀌어 오늘날 그 진본에 대한 시비가 없지 않다.

근대에 접어들면서 은나라 갑골문이 발견되고 청동기에서 금문이 나타나면서 사마천의 세표는 심한 비판을 받는다.

중국의 보첩은 위진(魏晉)으로 대표되는 남북조시대에 문벌제도의 기반으로 정착한다. 남북조시대는 진(晉)나라와 수(隋)나라 사이의 시대를 말하며 그 가운데 유비, 조조, 손견의 삼국시대를 이어받은 오(吳, 222~280), 서진(西晉, 265~316), 동진(東晉, 317~418), 송(宋, 420~479), 제(齊, 479~502), 양(梁, 502~557), 진(陳, 557~589)의 남쪽 왕조를 말한다. 이와 달리 북쪽에서 패권을 다툰 북위(北魏, 386~534), 동위(東魏, 534~550), 서위(西魏, 535~557), 북제(北齊, 550~577), 북주(北周, 557~581)의 5왕조를 북조(北朝)라 한다.

남조가 북중국에서 이주해 온 한족(漢族) 중심 왕조였다면 북조는 북중국에서 그 동안 오랑캐로 불렸던 흉노나 동이 등이 중심을 이루고 있었다. 그러나 북조의 여러 왕조는 한족 문화를 흡수해 동화 과정을 겪고 있었다. 이 과정에서 문벌과 씨족제가 정착하고 구품중정제(九品中正制)라는 인재등용제도가 발전했다.

구품중정제는 북조인 위나라 왕조가 기존의 한 왕조 지배층을 흡수하기 위한 인사발탁제도로 그 바탕은 출신 성분이었기 때문에 씨족들의 장부인 보첩이 중요한 구실을 할 수밖에 없었다. 이때 만들어진 족보가 진(晉), 송(宋)조 사이에 가(賈)씨 일가 5대가 만든 《씨족요장(氏族要狀)》(일명 《백가보(百家譜)》, 《성씨부장(姓氏簿狀)》)이다.

가씨 일가는 진나라 때 가필(賈弼)이 712권에 이르는 《18주 116군보(郡譜)》를 지은데 이어 그의 아들 비자(匪子), 손자 희경(希鏡), 증손

집(執), 현손 관(冠)에 이르기까지 5대에 걸쳐 《씨족요장》을 완성했던 것이다. 이 때문에 한국의 족보 서문에는 이 가씨 일가의 얘기가 곧장 오르내린다.

남북조시대를 거쳐 수(隋)나라가 중국을 통일하고 문벌중심의 인사제도를 고치기 위한 과거제도를 시험하다가 38년 만에 망하고 당(唐)왕조가 시작되었다. 북조 지방에서 출발해 황제가 된 당나라 농서(隴西) 이(李)씨는 북위 지방 다섯 번째 씨족이었던 자신의 성족(姓族)의 순위를 1등으로 개편하기 위해 태종 때(631) 《정관씨족지(貞觀氏族志)》를 만든다. 655년(당 고종)에는 상인 출신 가문에서 황후가 된 측천무후가 정권을 거머쥐면서 다시 씨족 등위 개정을 위해 만든 것이 《성씨록(姓氏錄)》이다. 이때부터 기존 문벌이 무시되고 새로운 사류와 서민들이 명문씨족의 반열에 끼어들기 시작했다.

당 현종 때인 714년에는 이 같은 유풍을 받아들여 《씨족지》와 《성씨록》을 수용한 《성족계록(姓族系錄)》을 간행했다. 뒤이어 당 헌종 때인 812년에는 새로운 지방 군현 편제에 따라 군별로 명망 있는 씨족들을 정리할 필요로 군망씨족분정(郡望氏族分定)을 하고 이때 만들어진 것이 임보(林寶)의 《원화성찬(元和姓纂)》이다.

960년 조광윤의 송 왕조가 시작되면서 족보는 관리 임용보다 혼인에 이용되기 시작했으며 오늘날처럼 '경종목족(敬宗睦族)', '존조수족(尊祖收族)'의 방편 구실을 하게 되었다.

고려에 수입된 중국의 성씨 제도에 관한 문헌은 당나라 때의 《씨족지》나 《원화성찬》이었던 것으로 보인다. 물론 고려는 4대 광종 때 후주(後周) 사람 쌍기(雙冀)를 받아들여 과거제를 시행토록 하는 등 개국 공신 가문의 관리 세습에 제동을 걸기는 했다. 그러나 모든 제도가 당제(唐制)를 받아들인 점으로 보아 가보(家譜)와 관부의 호적에 해당하는 장부(狀簿)가 큰 영향을 미치는 사회제도로 정착했다고 할 것이다.

중국과 교섭이 활발해졌던 고려 중기, 중국에서는 남송(南宋) 때 정초의《통지씨족략(通志氏族略)》이 간행된다. 이 책도 고려에 큰 영향을 미친다. 물론 북송 때는《백가성(百家姓)》이란 저자 불명의 씨족지가 나왔고 그 뒤 여러 종류의《속백가성》,《백가성속편》 등이 나오다가 명나라 때《명황천가성(明皇千家姓)》이 나왔다.

명대(明代, 1368~1662) 말《만성통보(萬姓統譜)》가 간행되고 이(李), 왕(王), 장(張), 유(劉), 진(陳)의 5대 성씨들이 각각 20책 이상되는 개별 성씨 족보들을 간행한다.

청말(淸末) 양계초(梁啓超)의《음빙실전집(飮氷室全集)》과 오여윤(吳汝綸, 1840~1903)이 만든《심주풍토기(深州風土記)》는 그 무렵 중국 성씨를 집대성한 것이다.

10. 중국의 성씨 개념의 변화

오늘날 중국은 94%의 한족과 6%의 55개 소수민족으로 구성되어 있다. 그러므로 성씨 제도가 한결같을 수가 없다. 우선 말이 같지 않다. 한족과 회족(回族), 만족(蠻族)은 한어(漢語)를 쓰지만 장족(藏族), 묘족(苗族) 등 28개 민족은 장어(藏語)를 쓰고 몽고족 등 18개 민족은 알타이어계로 독자적인 언어를 쓰며, 다른 3개 민족은 남아어(南亞語)를 쓰는가 하면 인도어를 쓰는 민족도 있다. 그 뿐만 아니라 같은 한족끼리도 지방에 따라 발음이 달라서 북경 텔레비전은 자막으로 방송해야 다른 지방 사람들이 알아듣는 형편이다.

이처럼 다민족국가라 성씨 제도 또한 여러 가지이다. 40개 민족은 성과 이름이 있고 장족 등 10개 민족은 성이 없고 이름만 있으며 20여 개 민족은 연명제(連名制) 성명을 쓴다. 이 연명제는 1) 어머니와 아들, 아들과 어머니 이름을 차례로 쓰는 연명형, 2) 아버지와 아들, 아들과 아버지 이름을 차례로 같이 쓰는 연명형, 3) 시아버지와 사위의 연명형, 4) 남편과 부인, 부인과 남편 연명형, 5) 성인 이름, 아이 때 이름 연명형, 6) 아들, 아버지의 동네 연명형, 7) 아들, 아버지, 할아버지 연명형 등 7종이 있어서 가히 세계적인 성명 전시장이라 할 수 있다.

이 같은 중국의 소수민족 성명제도는 고대부터 있어 온 것이 아니고 한화(漢化) 과정에서 명나라 때까지 지속적으로 한족 성명제도를 본받는 가운데 정착된 것으로 보인다.

이처럼 다민족국가답게 성 자체가 단성도 있고 복성도 있어서 성인지 이름인지 정확하게 구분할 수 없는 형편이다. 1988년 통계에 따르면 성은 모두 5,730개로 그 가운데 한 글자〔單字〕성은 3,470개, 두 글자 성〔複姓〕은 2,085개, 3자 성은 163개, 4자성은 9개, 5자 성은 3개에 이르는 것으로 조사되었다. 그 가운데 상용돼 온 성 글자는 2,077개이고 나머지는 그 동안 쓰지 않던 새로운 것들인데, '중국과학원유전연구소' 인구통계 결과라고 소개한 《중국 성씨대사전》에서는 1만 1972개 성이라고 밝히고 있다.

이 같은 차이는 2000년 11월 1일 기준으로 한국 통계청이 집계한 인구조사 결과 한국 성씨는 728개 성이지만 실제 성씨는 286개 성이고 442개는 귀화인들의 신고 성씨로 나타난 것과 같은 성씨 개념의 견해차에서 비롯된 것이다.

중국은 사회주의 국가로 되면서 1930년 4월 18일 성씨 제도에 관한 토론회가 열리기도 했다. 성과 이름이 개인의 상징 부호이거나 호칭이라면, 신분을 나타냈던 과거 부계혈족 중심의 성은 필요 없고, 개개인을 상징하는 성명이 허용되어야 하며, 출신을 당대에 한정할 경우 어머니 성을 따라야 할 것이 아니냐는 논쟁이 있기도 했다. 이런 중국의 논쟁을 생각하면 오늘날 한국 여성들이 호적제도 개선을 요구하고 나선 주장의 연원을 생각케 한다. 또 남편 성과 자기 성을 합해 쓰는 여성운동가들의 성씨 형태는 이미 중국 소수민족에게 있는 한 형태이다.

중국의 성씨 연구자들은 성은 모계의 상징이고 씨는 부계의 상징이라고 말한다. 중국에는 지금도 어머니 성을 따르는 몽고계 종족이 있다. 본디 모계사회에서는 혼음 풍속 때문에 부계를 명확히 구분할 수 없을 뿐 아니라 태어난 이를 중심으로 따지자면 자식을 낳은 어머니가 아들의 뿌리일 수밖에 없었을 터이다. 그 씨는 어느 남자에게서 받았던 상관 않기로 들면 말이다. 정착생활이 시작되고 노동력이 생산력의 원천이 되면서 남성 중심의 부계사회가 시작되었다. 여성은 남성의 보조적 지위로 전락하면서 여자가 아이를 낳을지라도 씨〔종자〕를 뿌린 남자가 근원이라는 사고가 우세한 자리에 서게 되었으며 씨라는 의미는 종자를 뜻하게 되어 가(家)를 대표하게 되었다. 여자는 밭〔田, 大地〕일 뿐 남자와 교접해 씨(氏 = 種)를 받아 아이를 낳은 것이므로 씨가 우선해야 하고 그 씨들이 제후의 봉지 추장이 되면서 모성 중심의 성(姓)을 씨(氏)가 대신하게 되었던 것으로 생각된다.

중국 성명학(姓名學)에서나 씨족사에서는 씨는 봉지를 받은 귀족에 붙여진 존칭이라고 해석하고 그 봉지 이름에 붙여진 씨가 모계사회의 성을 대신해 씨가 성을 상징하게 되었다고 말하고 있다. 이 때문에 양계초 같은 이는 씨란 지역명인 부락의 칭호였다고 주장했다.

씨는 서주와 춘추전국시대 지방 제후 때문에 생긴 풍습이다. 그러므로 중국 고대 이름은 성 – 씨 – 이름〔名〕으로 이뤄졌지만 춘추전국시대를 지나 진한시대를 거치는 동안 어머니를 상징하던 성의 근본은 사라지고 부계 중심의 씨가 성을 대신하게 되어 성+명 시대가 시작되었다고 본다. 물론 성명시대가 되면서도 씨에 대한 개념은 지금처럼 성과 같은 개념이 아니었기 때문에 같은 성의 형제 사이에도 씨가 다른 경우가 전국시대 역사 기록에 나타난다.

진한시대에 접어들면서 이름에 더하여 성인이 되어 부르는 자(字)라는 존칭명이 생기고 호(號)도 시작되었으며 죽은 뒤에 우대해서 부르는 시호 관행도 생겨났다.

동한(東漢) 이후 성은 문벌 세족의 상징 부호가 되어 남북조시대에는 성 자체가 귀족 문벌의 등위(等位) 상징이 되었으며 봉건제 국가에서 큰 위력을 발휘하게 된다.

그러나 변방 민족이 세운 신흥왕조가 중국대륙을 경영하면서 진한시대 명문 씨족들은 지난날의 자부심을 유지하기 위한 존조수족(尊祖收族)의 방편으로 변질될 수밖에 없었다.

〔참고〕 중국의 금문(金文)

　동이족의 상징 부호이며 글자인 이(夷)자는 본디 축문을 읽는 사람을 나타내는 형태로, 팔을 앞으로 뻗고 무릎을 구부리고 걸상에 걸터앉은 형태였다. 이런 글자들이 진나라 때 전서체, 한나라 때 예서체를 거쳐 지금 우리가 쓰는 글자체로 발전해 왔음은 앞서 밝혔다. 이처럼 글자가 발전해 온 과정과 본디 뜻을 설명한 책이 《설문해자(說文解字)》〔후한 때 허신(許愼)이 편찬〕이다.

　짐승도 특수한 발성으로 그들의 뜻을 전하지만, 그 소리는 제한되어 있다. 사람도 원시 때는 서로 뜻을 전하는 말이 아주 적었을 것이나 지혜가 발달하면서 하나의 조상 말이 계속 새끼를 쳐서 수십, 수백 가지 말이 생겨났다. 이남덕의 《한국어 어원연구》(85년, 이화여대 출판)에 보면 가르다〔分〕의 본디 조상 말은 '굽'이었으며 이 말에서 '가운데', '한가위', 'ᄀ(변방)', '갈피(방향, 틈)', '고을', '삿(사이)', '골', '고랑', '걸

하남 정주에서 1974년에 출토된 높이 1m 크기의 방정(方鼎)

〔江, 개울〕', '가람', '거리', '길', '길이', '자라다' 따위 말들이 새끼쳐 나왔다고 한다.

한자도 마찬가지고 성씨도 마찬가지다. 처음에는 동네 이름이 사람의 성으로 쓰였을 수 있고 사람 이름이 동네 이름으로 쓰였을 수 있을 것이나, 동네 사람의 수가 늘어나다 보면 자연히 그들을 구별하는 씨가 생기게 되었을 것이다.

중국의 역사는 서한 때 사람 사마천이 지은 《사기》로부터 정착되었다. 이 책의 〈오제본기〉와 서진 때 사람 황보밀(215~282)의 《제왕세기》 등을 보면, 중국의 역사는 유웅국(有熊國) 소전(少典)의 아들인 헌원 황제(軒轅黃帝)의 성은 공손(公孫)씨 또는 희(姬)씨이고, 같은 소전의 아들에 염제 신농씨가 있었는데 그의 성은 강(姜)씨라 했다. 염제의 어머니는 정비 왕비(王妃)로 유교(有蟜)씨의 딸 여등〔女登, 임사(任似)라고도 함〕이고, 황제의 어머니는 부보(附寶)라고 각각 어머니를 달리 쓰고 있다.

이 같은 체계는 후대 여러 책에서 첨삭이 거듭되어 황제가 탁록에서 치우(蚩尤)와 3년 동안 아홉 번의 전쟁 끝에 주도권을 잡았으며 요순시대를 거쳐 우왕의 하나라와 은나라로 이어졌고, 그 뒤에야 중국 한족의 정통인 주나라가 열렸다는 것이다.

그러나 1923년 들어 하우(夏禹) 이전의 역사는 신화이고, 요·순이나 우는 '이상적 인격 명칭'일 뿐이라는 부정론이 대두되었다. 때를 같이해 열국의 침략을 받은 중국에는 중국인이 서양에서 왔다는 서래설 (西來說)까지 대두되어 중국 학자들의 자존심을 건드렸다.

한 무리의 학자들이 은허의 갑골문과 각처에서 쏟아져 나오는 청동기 금문을 통해 중국 문화 규명에 나서고 있는 동안 1960년대 접어들어 각 처에서 수십만 년 된 인골(人骨)이 쏟아져 나오고, 1966년 주구점(周口 店)에서 50만 년 전 두개골이 나오면서 중국인 서래설은 고개를 숙였다.

고염무로부터 시작된 금석학은 오대징을 이은 금문 4당〔四堂, 나옥 진(羅玉振), 동작빈(董作賓), 곽말약(郭末若), 왕국유(王國維)〕 등에 의해 발전하여 금석문 해석이 많이 이뤄져 오제기(五帝期)가 역사 실체 로 있었으며, 하와 은 등은 전설이 아니라 문자에 따른 기록과 유물들 로 증명된다는 설득력을 얻게 되었다.

특히 1970년대에 이르러 낙빈기(駱賓基, 1917~1994)란 인물이 금문 에 대한 새로운 해석을 내놓았다. 그는 과거 중국 역사 서술자들이 《사 기》 가운데 몇몇 가계체계가 모계사회의 과도기라는 특징을 이해하지 못하고 부계사회 관념으로 해석되었다는 이론을 제기했다. 낙씨는 1978 년 《금문신고(金文新考)》라는 책을 통해 오제기에 만들어진 7개 화폐 의 문양을 새로 해독하고, '당우삼병명(唐虞三兵銘)'이라 부르는 칼에 새겨진 문양을 통해 신농씨 가계표를 만들었다. 이 유물은 하북성 보정 청원에서 발굴되었으며 요령성 박물관에 있다.

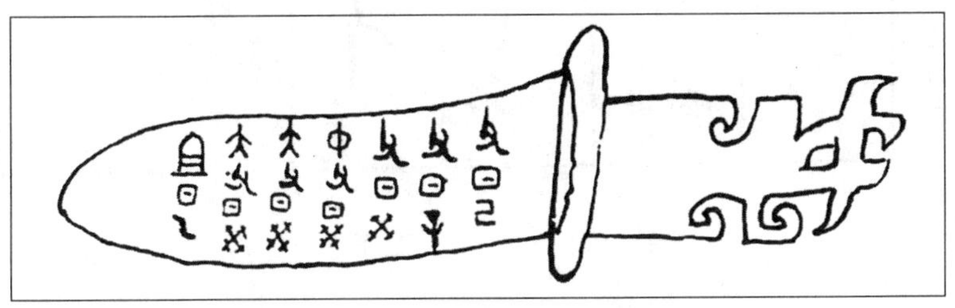

오제 시기의 가계도가 적힌 삼병명(三兵銘)

1308
金文編第八
容庚譔集
張振林　馬國權　摹補
卷八　人
人　殷甗
令簋
矢簋
矢尊
天君鼎
孟鼎
井侯簋
頴簋
簋　師酉簋
善鼎
吊趯
父卣
乍鐘
獄簋
克盨
克鼎
散盤
井人鐘
妾鐘
追簋
甗　王人盤
今甲盤
穌甫人匜
為甫
人盨
五五五

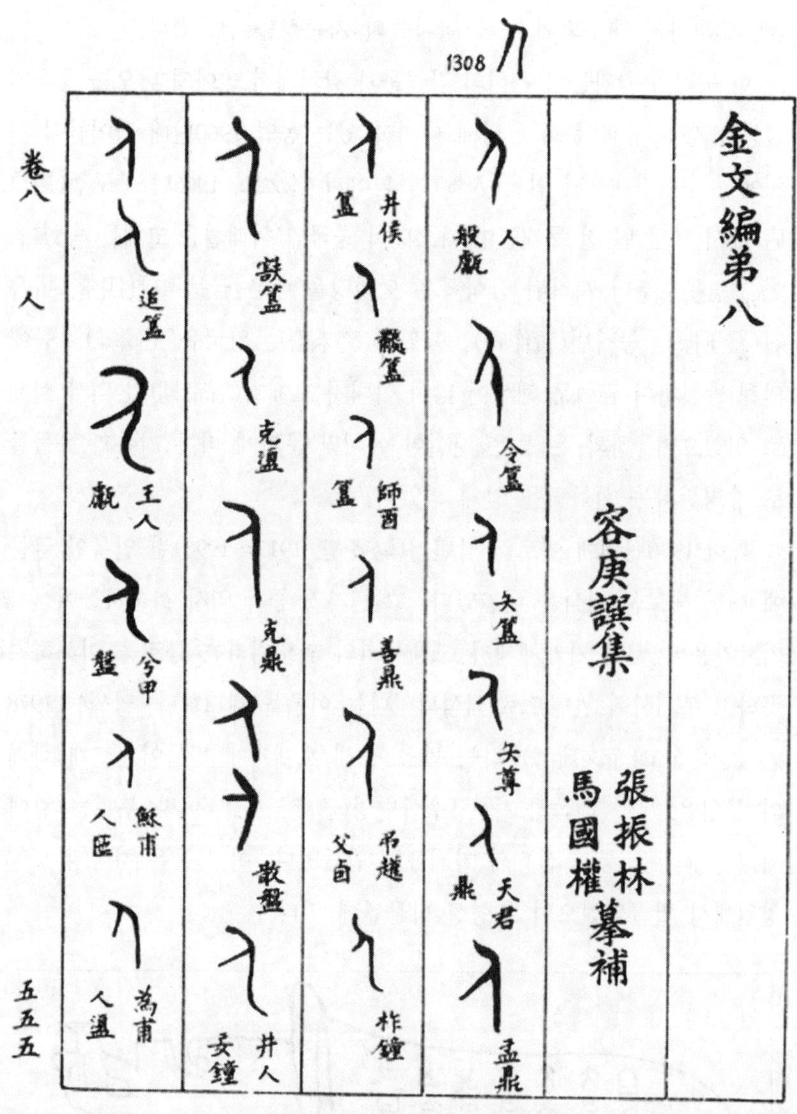

사람 인(人)자의 금문 표기

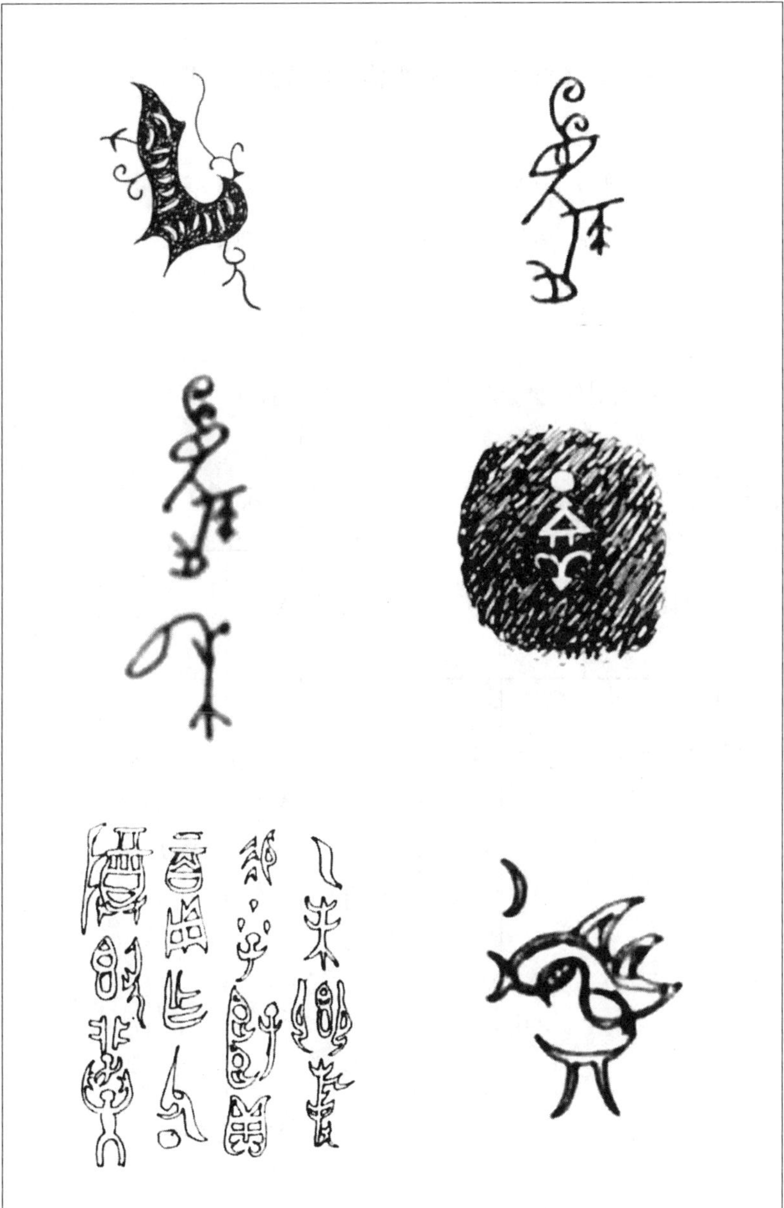

각종 금문

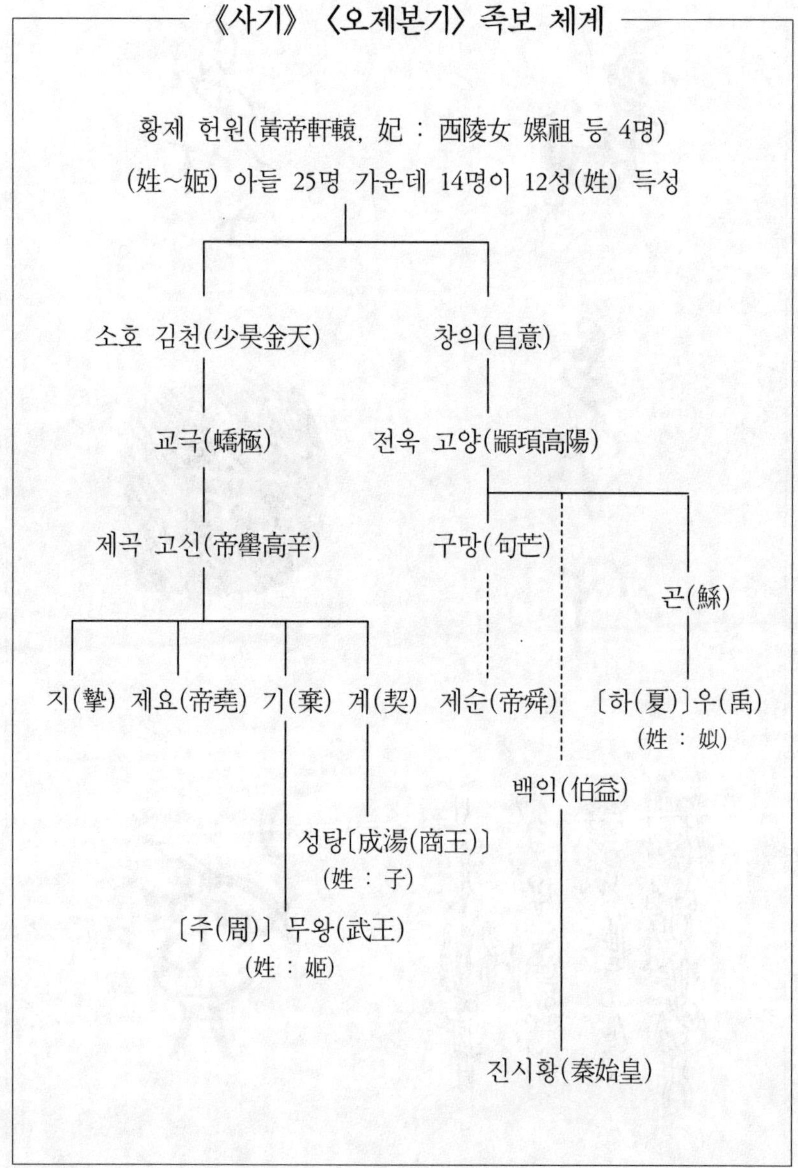
《사기》〈오제본기〉 족보 체계
황제 헌원(黃帝軒轅, 妃 : 西陵女 嫘祖 등 4명)
(姓~姬) 아들 25명 가운데 14명이 12성(姓) 득성
소호 김천(少昊金天)
창의(昌意)
교극(蟜極)
전욱 고양(顓頊高陽)
제곡 고신(帝嚳高辛)
구망(句芒)
곤(鯀)
지(摯) 제요(帝堯) 기(棄) 계(契) 제순(帝舜) 〔하(夏)〕우(禹)
(姓 : 姒)
백익(伯益)
성탕〔成湯(商王)〕
(姓 : 子)
〔주(周)〕 무왕(武王)
(姓 : 姬)
진시황(秦始皇)

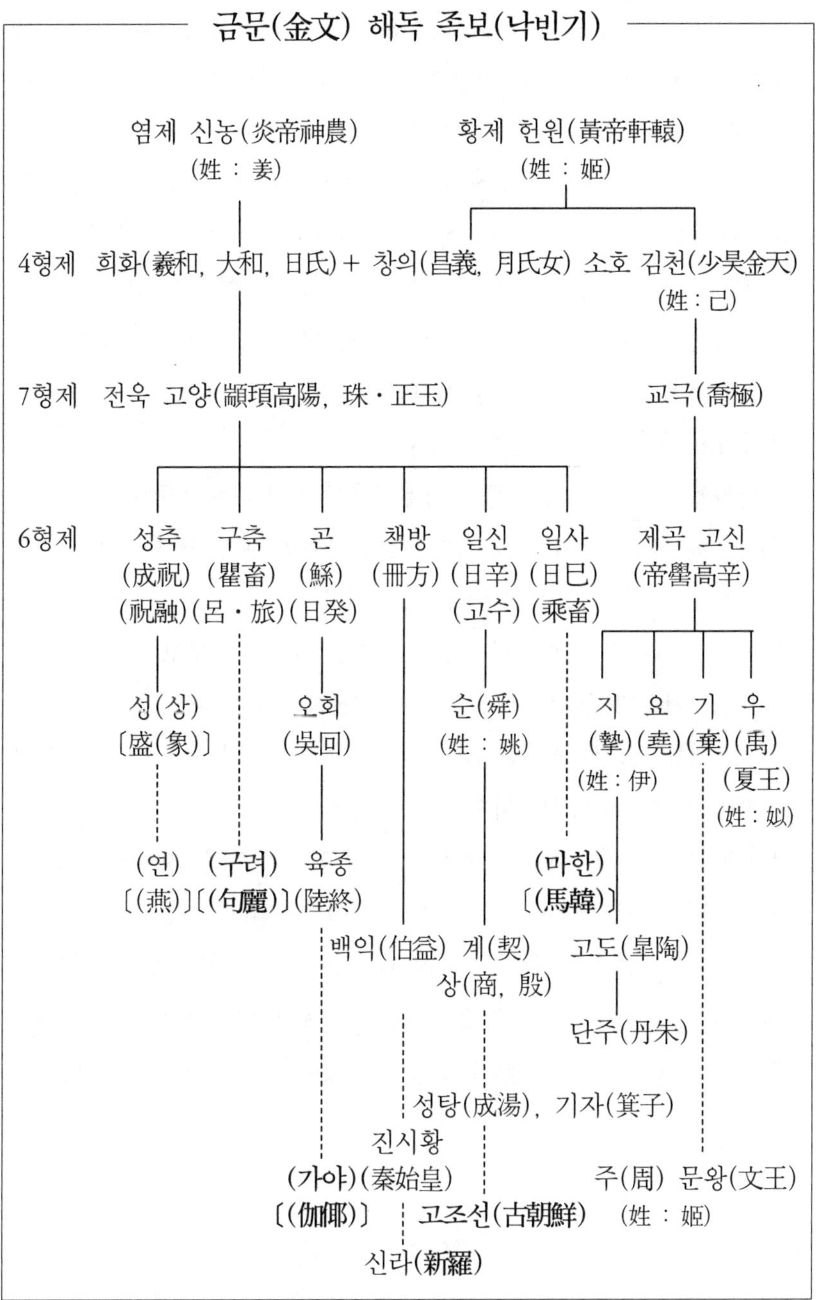
금문(金文) 해독 족보(낙빈기)

염제 신농(炎帝神農)
(姓 : 姜)

황제 헌원(黃帝軒轅)
(姓 : 姬)

4형제 희화(羲和, 大和, 日氏) + 창의(昌義, 月氏女) 소호 김천(少昊金天)
(姓 : 己)

7형제 전욱 고양(顓頊高陽, 珠·正玉)

교극(喬極)

6형제
성축 (成祝)(祝融)
구축 (瞿畜)(呂·旅)
곤 (鯀)(日癸)
책방 (冊方)
일신 (日辛)(고수)
일사 (日巳)(乘畜)
제곡 고신 (帝嚳高辛)

성(상) 〔盛(象)〕
오회 (吳回)
순(舜) (姓 : 姚)
지 (摯)(姓 : 伊)
요 (堯)
기 (棄)
우 (禹)(夏王)(姓 : 姒)

(연) 〔(燕)〕
(구려) 〔(句麗)〕
육종 (陸終)
(마한) 〔(馬韓)〕

백익(伯益) 계(契) 고도(皐陶)
상(商, 殷)

단주(丹朱)

성탕(成湯), 기자(箕子)

진시황
(가야) 〔(伽倻)〕
(秦始皇)
고조선(古朝鮮)

주(周) 문왕(文王)
(姓 : 姬)

신라(新羅)

그는 이 가계표(앞 쪽 계보도 참조)를 중심으로 ① 소호 김천씨는 황제계 인물로 염제 신농씨 집안으로 장가들어 살았으며, 그 동안 소호 김천씨 아들로 고정된 전욱 고양씨는 염제 신농의 손자로 소호 김천씨 아들이 아니다. ② 제곡 고신씨는 고양씨의 아들이 아니고 사위이다. ③ 곤(鯀)은 고신씨의 아들이 아니라 사위이며 고양씨의 아들이다. ④ 우왕은 곤의 아들이 아니고 사위이며 제곡 고신씨의 아들이다. ⑤ 은나라를 세운 설(契)은 황제계 고신씨의 아들이 아니라 염제 신농계 전욱 고양씨 가계라고 해독하는 등 사마천 《사기》 이후 고착되어 온 제왕세계(帝王世系)를 크게 흔들어 놓았다.

낙씨의 이론은 중국 정통 사학계에서 공인되지는 않았지만 가장 합리적인 해독으로 평가 받고 있다. 특히 낙씨의 해독 방법은 한국 고대사 복원에 크게 참고될 이론으로 주목된다.

낙씨의 이론을 길게 설명하는 것은 다음 기회로 미루고 우선 족보 체계에 관련된 것만을 언급하기로 한다. 낙씨가 족보 체계의 첫 번째로 제시하는 청동 금문은 '성유(盛卣)'이다. 고양씨의 손자 때 만든 이 금문이 소호 김천씨와 그의 할아버지 전욱 고양씨 그리고 그의 아버지 관계를 나타낸다는 것이다. 이를 뒷받침하는 금문으로 '성부정(盛婦鼎)'이 있다. 강수 주변에서 양을 길러 강(姜)씨가 되었다는 염제 신농 집안의 초기 상징글자는 양뿔을 상징하는 기호이고 고양씨는 두 집의 선조 신주를 모신 집을 상징하는 기호가 높을 고(高)자로 후대에 변했다. 물론 양(羊)자는 뒷날 많은 글자가 개발되면서 같은 음의 양(陽)자로 변했다.

但母系制的舊習慣勢力，在意識形態領域裏，仍然佔據着統治地位。父癸在盟外，自然是作為命名人的簽署了。另有『盛婦鼎』銘文為：

就是這个解釋的旁証了。帝己（步雝）、祖珠（帝顓頊）父癸（成祝）這也是三代的家系，因為帝己是『盛婦』的父系祖，所以又和『盛卣』不同，不能作為『内祖』因而形成男女雙方的三代祖系我為婚時的禮器。

根據上的三代祖系的金文為即訧，第二戈兵所記的一祖為帝顓頊的第六子的氏称，應該初步肯定下来了。

八十

전욱 고양씨를 나타낸 성부정(盛婦鼎) 명문(銘文)

세 개의 칼에 새겨진 글씨를 중심으로 해서 밝혀진 신농씨 집안 5대 가계는 날 일(日)자 항열로 되어 있다. 이 집안의 이름에 일(日)자 부호를 쓴 것은 신농씨의 네 아들 가운데 첫째 아들 희화(羲和)가 '해님'이며 '날님'이기 때문이다. 칼에 새겨진 명문(銘文)으로 밝혀진 3세(世)의 형제는 7명으로 전욱 고양씨가 첫째이다. 전욱 고양씨는 다른 명문에서 작대기(神)를 양쪽에서 붙들고 있는 신(申)자 형태를 띠기도 하고 저(且)자 형태의 밑에 동그라미 구슬을 그려 넣거나 양뿔을 그려 놓고 그 밑에 삼각집을 그리거나 구슬을 그려 상징하고 있다. 낙씨는 이를 정옥(正玉) 또는 주(珠)라고 읽었다.

4세에 여섯 아버지 이름이 나오며 5세에 여섯 형제 이름이 나오는데 다섯째 일계(日癸)가 순임금으로 일신(日辛)의 아들임을 알 수 있다. 이 일신을 제곡 고신(高辛)으로 오해해 순임금마저도 황제계 자손으로 잘못 적고 있는 책들이 많다. 한국 상고사와 성씨에 관련된 이 가계의 인물은 순임금의 첫 번째 아버지 대부일계(大父日癸)로 역사책에는 성축(成祝) 또는 축융(祝融)으로 나오며, 두 번째 대부일계는 구축(瞿畜) 또는 여(呂, 旅)로 나오는 인물로 이 집안에서 구려(句麗, 고구려)집안이 나온다. 세 번째 아버지 중부일계(中父日癸)가 씨족사에 가장 많이 나오는 곤(鯀)으로, 근래 가야국 수로왕계 쌍어(雙魚) 문양은 이 곤에서 연원한다는 주장까지 나오고 있다(강평원 지음, 《쌍어속의 가야사》, 2001, 백성사).

마한(馬韓)의 선조는 막네집 부일기(父日己)로, 이 집에서 구(仇)와 해(奚)가 나오고 승축(乘祝)이 나왔는데, 승(乘)의 표지는 말을 타고 있으므로 마(馬)씨와 마한이 나왔다는 주장이 생겼다.

뒷날 백익(伯益)이니 알백(閼伯)이니 하는 따위 이름이 나오는데, 당시 백은 큰아버지 백이 아니라 장인을 뜻했으며, 알은 신농계 집안

딸들이 낳은 자식을 뜻했다. 신라 설화 가운데 알영이나 알지도 같은 해석이 가능하다.

그러므로 우리말 '알자백이'의 '알'은 謁(알)자가 아니라 閼(알)로서 '閼子白夷'이고, 옛날에는 갈(葛)도 알(閼)과 같은 동음이었으므로 백이 숙제의 '백이(伯夷)'는 갈씨 집안 아들이라는 '葛子伯夷'란 말도 나왔다.

염제 신농씨는 농사법을 개발한 인물로, 특히 누에를 키워 옷을 해 입는 농사신이 되었으므로, 뒷날 누에 진(辰)자 위에 잠백이 곡(曲)을 올려 놓은 농(農)자 옆에 귀신 신(神)자를 써서 신농씨가 되었다.

그의 아들 희화(羲和)씨는 대화(大禾)라고도 하고 대직(大稷)이라고도 하는데 벼농사를 개발했다. 그의 아들 전욱 고양씨가 호미를 개발해서 호미 서(鉏)라고 하며 또한 돈을 만들어 주(鑄)라고도 한다. 그의 아들은 따비를 창안했고 손자 성축(成祝)은 소가 끄는 쟁기에 다는 보습을 개발해 '이(犁)'또는 '여(黎)'라고 했다.

신농씨는 농사법만 개발한 것이 아니라 불 다루는 기술도 지녀 염제가 된 집안의 우두머리가 됐다. 그 집 후손들은 모두 불을 잘 다뤘으며 그릇을 굽고 쇠붙이 연장도 만들었는데 뒷날 세(歲)족과 예(濊)족이 그 집안에서 나왔다.

앞서 밝혔듯이 옛 말과 옛 글씨는 아주 오랜 옛날에는 적은 수였지만 시대 발전에 따라 말이 새끼를 치고 글씨가 새끼를 치면서 같은 뜻의 새 글자를 만들거나 같은 음의 새 글자를 만들었음이 문자 발전사를 눈여겨보면 알 수 있다. 재미난 현상은 본토박이들은 새로운 말이나 글자를 즐겨 쓰지만, 본 고장을 떠나 사는 사람들일수록 풍속과 말씨를 예스럽게 보존하려고 애쓴다. 이 같은 현상에 따라 일본 말 가운데 한국 옛 말들이 남아 있듯이 한국 말에도 중국 옛 말들이 많이 남아 있다.

중국 사람들은 한국에서 예(濊)라고 읽는 글자도 옛날에는 세(歲)라고 썼으며 쇠를 녹인 철물을 의미했다고 말한다.《염황씨족문화고(炎黃氏族文化考)》(1985년, 齊魯書社)를 쓴 중국인 왕헌당(王獻堂) 같은 이는, 주나라 때 성씨가 주로 어떤 지방의 통치귀족에게 주어진 봉작이름이므로, 지역대표성은 있지만 구성원인 백성을 뜻하지는 않는다고 보았다. 옛 유습에 따라 대부분의 봉지는 처족들이 사는 곳이었다.

그는 탁록에서 황제와 싸운 치우를 신농계로 보는 한편, 황제와 신농 집안은 농경정착시대에 접어들면서 좋은 경작지를 확보하기 위해 52차례나 싸움을 벌인 것으로 보인다고 말하고 있다.

본디 동이(東夷)라는 '이(夷)'자는 사람 '인(人)'자가 '시(尸)'자로 변했다가 한나라 때 황제계와 구분하기 위해 개발된 글자로, 신농과 순임금 계통은 모두 중국 동쪽인 산동성 곡부를 중심으로 살았던 족속이지만, 황제계에 밀려 동서남북 사방으로 흩어져 사이(四夷)가 되었다는 것이다.

북쪽으로 간 집안은 적맥(狄貊)이 되는데, 맥이란 글자 자체가 철을 먹는 짐승 불가사리를 뜻하므로 쇠를 다루고 살았던 예족(濊族)과 같은 계통이라는 것이다. 서쪽으로 간 집안이 신농씨의 본고장인 강(姜)과 같은 음으로 쓰인 양을 기르는 족속 강융(羌戎)이 되고 남쪽으로 간 집안이 벌레[虫]이 많은 지방에 산다고 해서 남만(南蠻)이라고 했다.

곡부에서 산동 해안이나 서북쪽 요령반도, 발해만, 남동쪽 강소성 회하(淮河) 지방으로 흩어진 집안은 호미 서(鉏)와 같은 발음의 서(徐)씨, 측(側)씨, 축(祝)씨, 주(邾, 朱)씨가 되었다.

오늘날 우리가 보는 한자들은 한나라 때 만든 글자들이지만 그 전에 쓰던 예서나 전서 따위의 본디 글자 수는 아주 적었다. 신농씨를 제괴(帝魁)라고 해서 본디 고장 서북쪽을 괴방(魁方)이라고 했으며 곡부가 있던 산동 일대를 신농(神農)씨를 제사 지내는 곳이란 뜻의 신방(神

方), 인방(人方), 또는 이방(夷方)이라고 했다.

승축 집안을 마(馬)씨 또는 무(武)씨라고 했는데, 같은 발음의 모(牟)씨가 나왔으며 제비 강(姜)에서 제비 연(燕) 집안이 파생하고 언(匽)도 나왔다.

동이(東夷)는 본디 개(狗)를 상징한다. 신농 집안에서 패(貝)씨와 구(仇)씨가 나오고 해(奚)씨도 나왔다. 해는 해(解)씨로 분화한다. 모(牟)씨에서 모(慕)씨와 묵(墨)이 나오고 개 '견(犬)'에서 경계란 뜻의 계(界)와 계(介), 규(圭), 구획된 전(田), 갈(葛)이 나왔다.

서(徐)에서 여(余)와 부여(夫餘)가 나온다. 모(牟)에서 고묵(古墨), 고밀(古密),이 생기고 개(介)에서 겨레가 된 개래족(介萊族)이 나왔다. 고향이란 고양(高陽)에서 나왔으며 개족에서 남쪽 절강성 구천(句踐)의 개래와 월이(越夷)가 된다. 우리가 개를 부를 때 '워리'라고 하는 말의 원천이다.

춘추전국시대가 되면 글자가 새로 생기는 것만큼 씨족도 많아져 후한대에 구이(九夷)가 되었다가 사이(四夷), 팔만(八蠻), 팔민(八閩), 구맥(九貊), 오융(五戎), 육적(六狄) 등 30개 민족으로 나뉘고 오늘날 중국 55개 민족이 된다.

말과 글의 발전을 살펴보다가 말놀이가 된 것 같지만 우리말에서 아씨는 알씨(閼氏), 부인을 임자라 하는 것은 신농씨의 어머니 임사(任似), 배달은 주월(舟月), 임금은 임군(林君), 계집애는 계집녀(癸集女), 남정네는 남정중(南正重), 사나이는 사남씨(似男氏)라는 중국 옛말이라는 주장을 웃어넘길 수만은 없다. 앞으로 검토하겠지만 은나라 설(契)이 알에서 태어났다는 전설이 한국 성씨 선조의 탄생설화의 근간이 되었음을 살필 수도 있다.

제 2 장
한국의 족보와 씨족

1. 중국 민족의 이동 파장과 한반도

　　중국의 역사는 황제와 그 혈통을 이었다는 하나라와 주나라 중심의 역사가 공자 이래 정통을 이뤄 왔다. 그러나 1899년 하남성 안양현(安陽縣)에서 갑골문자가 발견되고 그 문자들이 해독되면서 그 동안 신화 정도로 다루었던 은나라에 주목을 하기 시작했음은 앞서 설명한 바와 같다.

　　스웨덴 지질학자 앤더슨(G. J. Anderson, 1874~1960)이 중국 지질조사소 고문으로 와서 1921년 하남성 민지현 앙소(仰昭) 유적과 주구점(周口店)에서 50만 년 전 북경원인의 유골을 발견하고, 감숙성 일대에서 채도(彩陶)를 발견한 뒤 중국 인종은 서양 문화의 영향을 받았다는 서래설(西來說)이 떠돌기도 했다.

　　그러나 1960년대 이후 장강(長江) 이남에서 황하 유적보다 더 오래된 유물들이 쏟아져 나오고 파촉(巴蜀) 지방은 물론 동북의 요동(遼東)

일대에서도 황하 중류 화북(華北) 지방 못지않은 유물들이 쏟아져 나오면서 중국의 고대문화는 황하 중심이 아니라 동서남북으로 골고루 있어 왔다는 새로운 중국 문화 발생론이 고개를 들고 있다.

《용봉문화원류(龍鳳文化源流)》를 쓴 왕대유(王大有, 1944~ , 문화인류학) 같은 이는 '장강 이남의 문화가 오히려 황하 유역 문화보다 시기가 앞섰으며 차원도 더 높았다'(1984년, 한국어판 290쪽)고 주장하고 황하 문화를 사관문화(士官文化), 장강 이남 문화를 무관문화(巫官文化)라고 규정하고 있다.

이런 주장들이 쏟아지고 보면 왕씨가 규정한 황하 사관문화 중심으로 정리되어 온 중국 고대사를 바탕으로 한국사나 씨족사를 말하기 힘들게 되지만 새로운 학설들이 아직은 체계를 갖춘 것도 아니고 기록이 부족하기 때문에 기존 중국사의 주장을 따라 중국 민족 이동을 언급하기로 한다.

《사기》 중심의 역사 기록이나 근래 판독되고 있는 금문으로 보자면 염제족은 섬서성 기산 주변에서 활동하다가 산동성 제남쪽으로 옮겨 살았다. 산동 아래 강소성 연운항 운대산 주변에 살던 소호족(少昊族)(기존 학설로는 기산 지방 출신)과 혼인을 하고 살다가 사씨계(姒氏系) 우왕이 하나라를 세우면서 부계 상속의 왕조가 시작되었다. 하나라는 4백여 년 뒤 은나라 성탕에게 망하고 은은 BC 1134년 주나라 무왕(BC 1134~1116 재위)에게 망했다. 중국 민족의 대이동은 신화로 여기는 탁록의 치우와 황제의 3년 전쟁 뒤라고 여겨지지만 중국인 조광현(趙光賢) 교수 같은 이는 은이 망할 때 그 유민 25만 명이 아메리카로 옮겨갔을 만큼 민족 대이동이 있었다는 설을 내놓고 있다. 그는 아메리카 인디언은 본디 은지인(殷地人)이라 불렸으나 인도에 대한 인식밖에 없던 콜럼버스가 은지인이란 발음을 잘못 알아들어 인디언이 되었다고 주장한다.

물론 이때 유럽의 헝가리인(마자르족)은 흉노족이 옮긴 것이고 은나라 기자(箕子)는 조선후(朝鮮侯)가 되었다고 본다.

주나라는 섬서성 위수(渭水) 분지를 중심으로 나라를 경영했다. 당시 제후국가는 1,500~1,800여 개나 되었다. 주나라는 황제의 정통을 이었다 하여 성을 희(姬)라 했고 제후에 봉해진 친족들은 봉지 이름을 씨성으로 삼기 시작했다.

요령성 사회과학원 손진기(孫進己, 1931~) 씨는 1993년 《동북민족 원류(東北民族源流)》란 책을 내면서 한반도 민족과 관련된 민족 원류를 다음과 같이 정리했다.

- 요서(遼西) 지방의 산융(山戎)은 한나라 때 한족에 흡수되고 일부 동호(東胡)에도 흡수되어 선비(鮮卑)라 하다가 글안[契丹]이 되고 결국 한족에 흡수되거나 몽고족이 되었다.
- 요동 지방의 동이는 한나라 때 한족에 흡수되었으며 그 일부가 예맥(濊貊)과 숙신(肅愼)이 되고 부여(夫餘)와 발해(渤海) 및 여진(女眞)이 되었다가 글안족과 합해 만주족의 주류가 되었다.
- 한반도의 북부에 기씨조선(箕氏朝鮮)이 있다가 길림성(吉林城) 서부에 있던 예맥계와 합해 고구려에 흡수되었다.
- 한반도의 남부에 있던 한족(韓族)은 삼한(三韓)을 거쳐 백제(百濟)와 신라(新羅)가 되었다.

나라란 본디 나뉜 지 얼마 뒤에는 합해지고 오래되면 반드시 나뉘는 법이다. 주나라는 뒷날 7국으로 나뉘어 서로 다투다가 진시황에 의해 하나로 합해졌다. 곧 진나라가 망하자 초(楚)와 한(漢)이 다투더니 한나라로 합해지고 한나라도 얼마 지나지 않아 위·촉·오 삼국으로 분열

된 뒤 진(晉)으로 통합되었다.

이런 통합과 분열이 거듭되는 동안 시달리는 것은 죄 없는 백성들이다. 백성들 마음 가운데 이심전심의 구심력이 생기고 그 구심력이 통일을 지탱하기도 하고 분열의 힘이 되기도 한다. 분열은 이해균형이 깨지는 것에서 시작된다.

진시황은 화북 기산 지방을 중심으로 21년 남짓의 전쟁 끝에 한(韓), 조(趙), 위(魏), 초(楚), 연(燕), 제(齊) 6국을 차례로 공략해 천하를 통일하고 중국 최초의 중앙집권제 국가를 세운다. 그러나 이 나라는 겨우 1대 15년 만에 동해안 강소성 풍읍 농민 출신 유방에게 망한다. 이 기간은 중국 민족의 국내 이동보다 대륙 밖으로의 이동이 많았을 것으로 보인다.

중국학자들은 중국 안의 민족 이동은 후한 말기에 일어난 삼국〔三國, 위(魏), 촉(蜀), 오(吳)〕 투쟁 이후 가장 심했다고 보고 있다. 이 삼국 전쟁은 후한(後漢) 헌제(獻帝) 건안(建安) 연간(196~220)에 일어난 난리라 하여 '건안의 난'이라고 말한다. 이 삼국은 60년 전쟁 뒤 결국 사마의(司馬懿)의 나라 진(晉)이 되지만, 이 진나라도 3대 회제(懷帝)대에 이르러 중국 문화의 중심이었던 화북 지방을 흉노가 차지하는 영가(永嘉, 307~312)의 난리를 겪는다.

영가의 난리를 겪으면서 화북 중원 천지는 흉노, 강족, 저족, 선비 등 북방계 민족 차지가 되고 한족 정통을 자랑하던 사마씨(司馬氏)의 진나라는 황하 유역을 버리고 장강 중류의 남경(南京)으로 옮겨 동진(東晉, 317~416)시대를 열었다.

그 진나라마저도 북부 군벌 유유(劉裕)에게 망해 송(宋)나라가 되었으므로 이때 비로소 중국은 다른 민족과 혼합국가가 된 셈이다. 특히 이 기간 강남 이동이 심화된 뒤 북조 국가인 이민족 위(魏)나라마저도 남조와 같은 한나라의 정통 관행과 법제가 한가닥으로 통일되는 전통이 수립된다. 이 전통은 수, 당을 거쳐 원(元), 청에 이어져 오늘날과 같은 중국이라는 문화전통의 나라를 만들어 냈다.

한반도와 중국 대륙은 숙명적으로 인접한 지역이다. 이념 대립의 시대, 중국을 드나들 수 없었던 1990년 이전 중국은 미국보다도 더 먼 곳으로 느껴졌으나 한·중 국교 정상화 이후 10년 만에 사람과 교역이 가장 많은 이웃으로 변해 가고 있다.

중국 처지에서 보면 한반도는 거대한 중국 대륙에 붙어 있는 아주 작은 변방의 성급(省級) 땅 반도에 지나지 않는다. 물에 대한 공포심 많은 조선시대 사람의 처지에서 볼 때 중국 대륙은 황해 건너 먼 땅이지만 육지의 거리로 황해를 가늠하면 서울에서 목포까지 가는 것보다 가까운 거리에 중국이 있다. 육로가 잘 다듬어진 20세기에 접어들어 한반도 안의 육로 이동이 쉬워진 것이지, 1백여 년 전까지도 중국 동해 연안과 한반도 서해안의 왕래는 반도 안 육로 이동보다 더 편한 교통거리였고 옛날로 갈수록 바닷길은 맹수가 들끓었지만 길이 닦이지 않은 육로 이동보다 쉬운 교통로였다. 역사 기록을 보더라도 조선왕조시대 이전의 중국 조공이나 교역은 바닷길이 중심이었다.

마한(馬韓) 때부터 중국은 바닷길을 이용했음이 기록에 나온다. 기록이 전혀 없던 신석기시대에도 두 지역 사이에는 왕래가 있었음이 여러 유물로 검증되고 있다. 이런 정황으로 보면 중국에 변란이 있었을 때마다 싸움이 싫거나 지배계층의 착취와 압제가 싫었던 사람들이 배를 타고 바다를 건너왔을 것은 당연한 이치이다. 그 뿐만 아니라 싸움에 진 중국 대륙의 주요 인물들이 망명하기 쉬운 땅이 한반도였음도 상정할 수 있다.

이 같은 지리적 이웃 관계 말고도 중국 대륙에 변란이 일어나거나 권력 주체가 바뀔 때면 덩달아, 마치 중국 대륙의 물결에 영향을 받듯이 한반도 안의 권력구조도 바뀌어 왔던 역사를 살필 수가 있다.

중국 대륙에서 남북 대결이 끝나고 수나라에 이어 618년 당나라가 중국을 통일한 뒤 신라는 676년 중국 당나라의 지원을 받아 삼국을 통일했다.

880년대 중국 대륙에 황소(黃巢)의 난이 일어난 데 뒤이어, 한반도도 후삼국으로 분열되었다가 936년 고려(高麗)로 통일되어 안정을 이뤘다. 중국은 오대(五代)의 혼란 끝에 960년 송나라가 통일국가를 이뤘으나 북방족의 요(遼)와 금(金)의 압박으로 남쪽으로 밀렸다가 몽고족 원(元)나라 지배를 받게 되었다.

1368년 주원장(朱元璋)이 명(明)나라를 일으킨 데 뒤따라 한반도는 1392년 이성계(李成桂)가 조선왕조를 세웠다. 2백 년 뒤 임진왜란으로 7년 동안 일본의 침입에 시달렸고, 이때 원군을 조선에 보냈던 명나라가 20여 년 만에 무너지면서 1616년 만주족 청나라가 중국 대륙을 지배하기 시작했다. 청나라가 19세기 서세동점으로 서구 열강에 의해 쇠약해지면서 조선왕조도 같은 운명의 길을 걷다가 1910년 일본에게 주권을 빼앗기고 1911년 청나라도 망했다.

이 같은 역사와 지리로 말미암아 인접한 중국과 한국에서 벌어진 역사의 큰 물결을 따라 인구 유동에도 영향을 미쳤을 것임은 너무나 당연하다.

2. 중국 성씨 제도의 수용

대부분의 학자들이 한국의 성씨는 중국의 성씨를 모칭한 것으로 말하고 있다. 그 보기로 신라 진흥왕(540~576)대의 순수비문을 든다. 이 비문에는 오늘날 한국 사람들이 쓰는 성씨나 신라 종성인 김, 박, 석(昔)씨는 물론 6부 촌주 성씨들도 보이지 않고 이름 앞에 사는 지역의 이름만 붙어 있다. 당시 한국 성씨로는 중국의 역사책인 《구당서(舊唐書)》에 나타나는 진평왕(眞平王, 579~632) 때 중국 파견자 가운데 보이는 성씨 김(金), 박(朴)과 경덕왕(景德王, 742~765) 때 나타나는 이(李)씨, 설(薛)씨 정도이고 백제에는 8성(姓), 고구려 기록에서는 15개 성을 찾을 수 있을 뿐이라고 한다.

특히 이수건(李樹健) 교수는 한반도의 성씨는 고려 태조 23년(940년)에 중국 당나라 제도를 본받아 군현제도를 개편하면서, 군현의 토성(土姓)을 나누어 정하고 그 지역 호족이나 개국공신들에게 성을 하사해 중국식 성자가 정착한 것으로 보았다(이수건, 《韓國中世社會史硏究》).

물론 《팔역지(八域志, 擇里志)》를 쓴 조선왕조 중엽 사람 이중환(李重煥)도 "한국의 성씨는 고려가 삼한을 통일한 뒤 중국씨족제도를 본받아 사람들이 모두 성을 갖게 되었다"고 말한 바 있다.

이런 판국에 인조반정(1632년)과 병자호란(1636년)을 겪고 당쟁이 극에 이르면서 명분 절의론이 고개를 들던 때를 전후해 조잡한 보첩들이 쏟아져 나왔으므로, "보첩관계 자료를 비판 없이 전거할 경우 뜻하지 않는 오류가 예상된다"고 이수건씨는 경고하고 있다(위의 책, 33쪽). 이 점에 대해 일면 수긍하면서도 성관(姓貫) 역사를 지나치게 정치적 산물로 감수한다는 것은 너무 허망하다는 생각이 든다. 그렇다면 한국 백성들은 그 뿌리를 어디서 찾을 것인가 망연해진다. 그 뿐만 아니라 중국 씨족과 아무 상관도 없는 한반도의 토박이들에게 중국 성 글자를 마구잡이로 나누어 주었다고 단정 지을 수 없다.

비록 역사 정황으로 보아 족보들이 일부 중국 씨족을 모칭하거나 조작, 개편되었을 가능성은 있지만 그 조작, 개편에 대한 증거를 제시해야 한다. 물론 문중에 따라 30년 주기로 만들어 왔다는 족보를 보면 보첩 발행 때마다 가감, 첨삭된 부분도 없지 않다. 그 뿐만 아니라 대동보 다운 족보는 15세기 이후의 것이 고작이다. 그렇더라도 신분사회에서 보첩은 엄격하게 심사되고 그 신분의 징표 구실을 했을 터인데 임의로 조작, 개변하는 짓이 용인되었다고 단정 짓는 것은 성급한 면이 있다.

더구나 중국을 대국으로 섬기던 한반도에서 아무나 중국 성 글자를 대면서 중국에서 왔다고 한다 해서 주위 사람들이나 나라에서 이를 용인할 만큼 허술하지 않았다.

또한 고려 개국 직후 중국 당나라 군망제도를 본따 지방 군현 이름을 중국식으로 바꾸고 군현 토성을 정해 주었다치더라도 나름대로 성자

(姓字)에 대한 인연이 없이 중국 군현의 토성을 그대로 분정(分定)했다고 단언할 수 없다. 물론 이에 대한 고려사 기록도 없다. 논의를 다시 앞으로 되돌려 보기로 하자.

한반도를 중심으로 하는 역사 기록은 고작 중국 역사책인 《사기》나 《한서(漢書)》, 《진서(晉書)》, 《삼국지(三國志)》 등 뿐이고 한국 정사로는 《삼국사기(三國史記)》가 현존 최고본이다. 그럴지라도 한반도에는 오랜 옛날부터 사람들이 살아 왔고 그들 나름대로 피갈래는 있었을 터이다. 기록은 사실을 빠트릴 수 있는 법이다.

비록 같은 성관을 총망라한 문화 류씨 《가정보(嘉靖譜)》(1565년)나 이보다 90년 전에 나온 안동 권씨 《성화보(成化譜)》(1475년)가 15세기에 선을 보였다 하더라도, 집성촌을 중심으로 가첩(家帖)이나 세보(世譜)는 있었을 것이고 구전이라도 전해 왔을 것은 분명하다. 이 점은 앞에서 말했지만 중국도 마찬가지다.

실제로 한반도의 유물·유적이나 풍속은 중국의 영향을 받았음이 여러 방면에서 실증되고 있다. 이를 볼 때 한반도 안의 우리 조상들이 중국의 성씨와 관계없는데 근거 없이 모방하거나 조작했다고 단정 지을 수만은 없다.

한마디로 자신의 성씨 연원 기록인 족보는 조작된 모화 사대주의 산물이라고 단정하면서 중국 옛 기록에 근거를 많이 두는 국사 기록만을 맹신한다는 것은 지나친 아전인수요, 자가당착이며 관찬 기록 자폐증이다. 한국의 성씨 제도가 중국 제도를 흉내낸 것이라면 과연 중국의 성씨 제도는 어떻게 발생해 발전해 왔던가를 살펴볼 필요가 있다.

3. 한국 성씨 제도의 발전

한반도의 현존 역사 기록은 1145년에 만든 《삼국사기》가 가장 오래된 것이다. 그 기록마저 중국의 역사책을 중심으로 썼기 때문에 한국의 상고사나 삼국사는 《삼국사기》보다 중국의 역사 기록들에서 더 많이 인용된다. 이를 보완하는 자료들이 《삼국사기》를 쓰기 전의 금석문이나 유물과 민속 정도다.

한국 성씨 기록들은 족보가 조선 중엽에 시작된 것들이라 신뢰도가 낮은 것으로 여겨진다. 더구나 한국의 근대 사학은 한때 일본인들이 이른바 식민사관으로 정치적 저의를 가지고 정리하거나 교육해 정통성이나 정체성에 대한 부정적 시각이 큰 흐름을 이루고 있다. 이와 반대로 극단적인 민족주의 시각도 없지 않다. 영국 역사학자 홉스봄(E. J. Hobsbawm, 1917~)은 "역사는 체제나 이념을 위한 학문이 되어서는 안 되며, 상식을 옹호하는 학문이 되어서도 안 된다"고 경고하고 있다. 학문의 결론은 정치적 민주주의와는 다르다.

실제로 모든 기록들은 남에게 보이기 위한 글이므로 집필자의 의도가 담기기 마련이다. 특히 자기 나라 역사 곧 국사 기록들은 체제 옹호가 첫 번째 목적이다. 이 때문에 사실 규명은 무척 조심스런 지적 통찰이 필요하다.

이 점을 생각한다면 북한 사학의 국토 한정주의 태도도 문제이지만, 한국사를 중국 기록에 의지한 중국 부속 변방사학으로 다루는 것도 문제가 없지 않다. 그러므로 성씨 기록도 신화로 날조된 부분을 사실에 가깝게 관찰하면서 합리성이 있을 때 실재했을 가능성을 검토해야 한다.

한반도의 문화가 중국 대륙의 일부나 마찬가지처럼 절대적인 영향을 받고 중국의 사서들에 기록되면서 한반도 나름의 성씨 제도가 있었을 것인데도 중국식 성씨 제도만을 성으로 취급하지 않았을까 검토할 필요성을 느끼게 된다. 더구나 당나라 이후 중국에서 통용되는 한자를 우리 문자처럼 사용하고 모든 제도를 본받으면서 한반도 문화는 모조리 중국식 사고와 잣대로 가늠해야 했던 것 같다.

성씨 제도는 혈맥과 집안을 구별하는 호칭과 부호이다. 그러나 중국식 성씨 글자의 기준에서 보면 한반도에는 사람과 씨족이나 부족을 구별하는 부호화할 성씨 관행이 없었다고 말할 수밖에 없게 된다. 이 같은 역사관은 기존 사학에서 화석처럼 고착되어 버렸다. 역시 당나라 역사책에는 신라 초기에는 성씨 제도가 없다고 쓰고 있는 것이다.

비록 역사 이전이라 하더라도 사람과 사람이 교섭하며 살아가는 사회에서는 사람을 구별하는 호칭과 부호는 있었을 것이고 씨족이나 부족을 구별하는 호칭도 있었을 것이다. 물론 그 호칭이나 기호화에도 어떤 기준이 있었을 터이다.

신라 초기 순수비에 나오는 인명 앞의 지명이 바로 한반도 전통의 성씨 제도의 한 보기로 볼 수 있다. 그러나 중국 문화의 강한 영향을 받아 우리의 역사 사실을 중국 문자로 기록하는 과정에 이 같은 기준과 원리가 무시되었기 때문에 한반도에는 성씨 제도가 없었다고 말하게 된다.

다른 한편으로는 한반도에서 활동하였던 역사의 주인공들을 중국 대륙 인종이나 사람들과 전혀 관계없는 별종으로 다룰 경우 한반도 옛 역사 인물들의 성자는 중국 제도의 모방이 되지만, 문화 주체인 사람들이 중국에서 이동해 들어와서 토착 주민 문화에 변화를 가져왔다면 중국 대륙 문화의 수용이라 할 것이다.

물론 《삼국사기》에 나타나는 삼국시대 인물들은, 중국식 성씨 제도로 볼 때, 혈족을 상징하는 성씨로 보기 힘든 점이 없지 않다. 이 점은 표기 방법이 중국식을 수용하는 데 따르는 불가피성이었을 수도 있고, 대부분의 기록들이 해당 시대에 일반화한 상식을 생략하는 버릇 때문에 생긴 잘못일 수도 있다. 그 뿐만 아니라 오늘날 세계 여러 민족의 성명 제도를 생각하면 고대 한반도 사람들의 성명제도가 결코 중국처럼 성이 앞에 있고 이름이 뒤에 왔다고 단정할 수도 없는 일이다.

그러므로 한반도 안에 있던 신라, 고구려, 백제 때 성씨 제도에 대한 면밀한 분석이나 연구 없이 오늘날 한국 성자들이 중국 성자를 따르고 있고, 신라 통일 뒤 중국 성씨 제도를 따른 점만을 들어, 한반도에는 성씨 제도가 없다가 당나라 제도를 본받아 중국의 큰 명문 성씨들을 모칭했다고 규정하는 것은 문제가 있다.

오히려 우리나라에 귀화한 사람들이 중국에서 썼던 고향 성씨를 찾아 썼다고 볼 수 있는 면도 있기 때문이다.

● 2000년 11월 현재 한국 성씨 현황

통계청은 2003년 1월에 3년 전인 2000년 11월 기준 한국의 성씨는

728개, 본관은 4,179개라고 발표했다.

728성 가운데 442개 성은 1985년 이후 외국인 귀화 성씨이고, 토착성은 286개로 1985년의 275성에 견주어 11개 성이 늘어났으나, 이 11개 성도 당시 조사의 잘못이었으며, 본관도 1985년 3,349본이 830개가 늘어난 것 같지만, 실제 신규 본관은 15개 뿐이고, 815개 본관은 85년 당시 있었던 본관이라고 밝힌 바 있다.

- **신규 발견 11성(실제로는 1985년 이전에도 있었던 성임)**

  경(京), 빙(氷), 삼(杉), 초(肖), 섭(葉), 예(乂), 우(宇), 원(苑), 즙(辻), 증(增), 증(曾).

- **인구 1천 명 미만 성씨**

  112성(39.2%), 2,778본관(66.5%)

- **인구 1만 명 미만 성씨**

  179성(62.6%), 3,816본관(91.3%)

- **인구 1만 명 이상 성씨**

  107성(37.4%), 363본관(8.7%)

- **인구 1백만 명 이상 성씨(괄호 안은 전국 인구 비율)**

  - 김(金)씨 992만여 명(21.6%)
  - 이(李)씨 679만여 명(14.8%)
  - 박(朴)씨 389만여 명(8.5%)
  - 최(崔)씨 217만여 명(4.7%)
  - 정(鄭)씨 201만여 명(4.4%)
  - 강(姜)씨 104만여 명(2.3%)

● **본관별 10대 성씨**

　·김해 김(金)씨 412만여 명　　·밀양 박(朴)씨 303만여 명

　·전주 이(李)씨 261만여 명　　·경주 김(金)씨 173만여 명

　·경주 이(李)씨 142만여 명　　·경주 최(崔)씨 97만여 명

　·진주 강(姜)씨 96만여 명　　·관산 김(金)씨 83만여 명

　·파평 윤(尹)씨 71만여 명　　·청주 한(韓)씨 64만여 명

● **귀화 성씨 : 총 442개 성씨**

　·중국계 : 83성

　·일본계 : 139성

　·필리핀계 : 145성

　·기타 : 75성

4. 삼국시대의 성씨

(1) 백제와 신라의 성씨

조선총독부 시절 중추원 촉탁(囑託) 이마무라(今村)가 주관해《조선의 성명씨족에 관한 연구조사》(1934)란 책을 냈다. 그는 이 책에서《삼국사기》와《삼국유사(三國遺事)》, 중국의 역사책들인《한서》,《후한서》,《진사》,《양서》,《북사》,《남제서》,《송서》는 물론 일본 역사책들인《일본서기》와《고사기》에 나타나는 한반도 안 삼국의 인명을 조사해 서술하고 있다. 이마무라는 백제 사람 31명의 이름과 신라 사람 19명의 이름을 보기로 들고, 초기에는 삼국 고유의 성명 표기 방식이 있다가 차츰 중국 형식을 따르는 과도기를 지나 순 중국식을 따르는 3단계 발전이 있었던 것으로 보았다.

이마무라는 또 중국 역사책에 나오는 하지(荷知) 등 백제, 마한 사람 15명과 일본 역사책에 나오는 천일창(天日槍) 등 26명을 중국 형식을 따르지 않은 이름으로 예시하고 있다. 물론 《삼국사기》에 나오는 삼국 초기 인물들의 이름은 거의 중국식 성은 아니었다.

중국의 영향을 받은 성씨로 보는 백제 8성은 다음과 같다.

- 사(沙) : 7명, 구수왕(仇首王)의 큰아들 사반(沙伴).
- 연(燕) : 4명, 성왕(聖王) 때 장군 연회(燕會).
- 해(解) : 8명, 문주왕(文周王) 때 좌평 해구(解仇).
- 백(苩) : 2명, 삼근왕(三斤王) 때 좌평 백가(苩加).
- 진(眞) : 17명, 고이왕(古爾王) 때 우보 진충(眞忠).
- 목협(木刕) : 6명, 개루왕(蓋婁王) 때 목협만치(木刕滿致).
- 국(國) : 1명, 무왕(武王) 12년 국지년(國智年) 수나라 조공사.
- 여(餘) : 《진서(晉書)》, 《양서(梁書)》, 《위서(魏書)》는 백제 왕성(王姓), 《송서(宋書)》, 《수서(隋書)》는 여(余), 《삼국사기》는 부여(夫餘)로 씀.

이밖에도 백제 때 성으로 보이는 성자는 흑치〔黑齒(常之)〕, 저미〔姐彌(文貴)〕 등이 있다.

당나라 때인 629년 위징 등이 칙명으로 만든 《양서(梁書)》에 이런 기록이 있다. "신라는 그 조상이 본디 진한(辰韓) 족속이다. 전하는 말에 진(秦)나라 때 도망한 사람이 역사를 피해 와서 살자 마한에서 그 동쪽 국경지방을 주어 살게 했다. 그 사람들이 진나라 사람들인 까닭으로 이름을 진한(秦韓)이라 했다 한다."

또 이런 대목도 있다. "521년(양 무제 보통 2년) 왕의 이름은 모(募)라 하고 성은 진(秦)이라 한다." 이 왕은 신라 법흥왕(法興王)이다.

《북제서(北齊書)》하청(河淸) 3년(564년)조에 보면, "2월 갑인(甲寅)에 신라 국왕 김진흥(金眞興)이 운운"한 대목이 있다. 《구당서(舊唐書)》에는 진평왕을 김진평(金眞平)이라 했다.

《삼국사기》나 《삼국유사》는 고려 때 만든 기록이므로 신라나 백제 때의 사실 규명은 그 당시 기록인 중국 역사책이나 금석문에 의지할 수밖에 없었다. 오늘날 금석문으로 남아 있는 진흥왕(540~576년) 때 4개 순수비나 진지왕(眞智王) 때 무술 오작비(578년), 진평왕(579~632) 때 남산 신성비 등에는 사람 이름들이 나오지만 중국식 성은 보이지 않는다. 중국도 고대에는 서민은 이름만 있고 성은 없었다.

송나라의 구양수 등이 만든 《신당서(新唐書)》에, "신라 왕성은 김(金)이고 귀인의 성은 박(朴)이며 백성은 이름은 있되 씨가 없다"고 쓰여 있다. 신라 경덕왕 8년(749년)에 세운 창원 봉림사 〈진경대사보월능공탑비〉에 신금(新金)에 대한 기록이 나타난다. 이 집안이 가야계 김유신 집안이다.

신라의 3왕성, 6촌성 등이 제대로 기록된 것은 1145년(고려 인종 23년)에 만들었다는 《삼국사기》이다. 삼국이 멸망한 지 5백 년이 훨씬 넘어 완성된 그 기록마저 원본이 전해지지 않는 가운데 1512년(중종 7년) 경주진(慶州鎭) 병마절제사가 복간한 복간본뿐이라 문제가 없지 않다.

이 때문에 지나치게 신라 중심이고 모화사상에 젖어 썼다는 비판을 받지만, 기전체로 옛 기록을 전하는 점에서 한반도 역사의 기둥이라 아니할 수 없다.

《삼국사기》에 나오는 신라 6성(姓) 최초의 중국식 성명은 다음과 같다.

• 설(薛)씨 : 9대 벌휘왕(184~196) 때 좌군주 설지(薛支, 부곡성주). 10대 내해왕(196~230) 때 요차성주(腰車城主)

　　　　설부(薛夫).

- 손(孫)씨 : 신문왕(681~692) 때 손문(孫文).
- 배(裵)씨 : 성덕왕(702~737) 때 배부(裵賦).
- 최(崔)씨 : 헌덕왕(809~826) 때 최웅(崔雄), 최이정(崔利貞).
- 정(鄭)씨 : 민애왕(838~839) 때 정년(鄭年).
- 장(張)씨 : 흥덕왕 3년(828) 장보고(張保皐).
- 양(梁)씨 : 애장왕 1년(800)의 양열(梁悅).

문제는 유리왕 5년(28년)에 사성(賜姓)했다는 6부 촌장의 6성이 당나라 때 명족(名族) 성씨로 《정관씨족지(貞觀氏族志)》에 나오고 있다는 점이다.

당나라 이(李)씨는 바로 당 태종 집안으로 농서(隴西) 이씨이고, 정씨는 북위(北魏)의 5성(姓)에 들었던 최고 명문 3위인 영양(榮陽) 정씨였으며, 최씨는 청하(淸河) 최씨로 북위 때 5성 가운데 2위에 들었던 명족이다. 손씨는 한나라 때부터 관중 지방의 6성에 든 낙안(樂安) 손씨, 배씨는 하동(河東)의 명문이며 설씨는 맹상군을 낸 산동 지방 명문이었다.

이처럼 중국의 명문 대족의 성씨가 신라 6촌장에 주어진 사성이란 점 때문에 일본인 이나와(稻葉岩吉, 1876~1940, 《조선사》 편찬자)가 한국 성자는 신라 말에 당나라 성을 모방한 것이라는 신라 사성설을 내놓은 뒤 한국 학자들마저 비판 없이 이를 따르고 있다. 이 점에 대한 언급은 뒤에 다시 하겠지만, 최치원(崔致遠)이 쓴 하동 쌍계사 〈진감선사탑비〉에 보면, 선사의 속성은 최씨이고 그 선조는 한족(漢族)이라는 글이 있고 보면 사실로 중국에서 건너온 사람들이었을 가능성이 없지 않다.

왜냐하면 앞서 언급한 당나라 때 쓴 《양서(梁書)》에, "신라 사람들

진감선사탑비

은 진시황 때 도망 와 마한 땅에 살아 진한(秦韓)이라 했다"는 기록이 이를 뒷받침하고 있기 때문이다. 그 뿐만 아니라 《삼국사기》마저 〈신라본기〉 시조 혁거세에서, "이보다 먼저 조선의 유민들이 이곳에 와서 산간곡에 흩어져 여섯 마을을 이루고 살았다"고 유입 씨족임을 밝히고 있다.

(2) 고구려 성씨

《삼국사기》〈고구려 본기〉의 '동명성왕'조를 보면 시조의 성은 고(高)씨이고 이름은 주몽(朱蒙)이라 했다. 주몽이라 함은 부여말로 활 잘 쏘는 사람을 이른다. 부여왕 해부루(解夫婁)가 큰 고기들이 사는 연못에서 주어 온 두꺼비 같은 아이가 자라 동부여 해모수왕이 되었다. 해모수가 왕위에 올라 하백(河伯)의 딸이라는 유화(柳花) 여인이 낳은 닷 되들이 크기의 알을 버렸더니, 이 알에서 태어난 이가 주몽이다. 이 신화로 보면 주몽 역시 알에서 태어나는 중국 신화 속의 전욱 고양계와 같은 계통이다.

삼황오제 가운데 고(高)자가 들어가는 인물은 전욱 고양(高陽)씨와 제곡 고신(高辛)씨가 있다. 고신은 고양씨 사위인데, 모계시대에는 사위는 친아들과 같았다. 고신의 첫 부인이며 고양씨의 딸인 간적(簡狄)이 하백의 딸 유화처럼 버린 아이가 기(棄)로서 뒷날 주나라를 세운다. 주몽은 고구려를 세우고 중국 신화 속의 인물인 고양씨나 고신씨와 같은 고(高)를 성으로 삼았다. 하백은 하수백(河水伯)이라고도 하며, 물고기 문신 풍습이 있는 풍이(馮夷) 족속의 사람이다. 풍이는 동이족 계열이다. 고주몽은 부여에서 쫓겨 강을 건널 때 그를 도와준 세 사람에게 극씨(克氏), 중실씨(仲室氏), 소실씨(少室氏)의 성을 주었다.

제3대왕을 대무신왕(大武神王)이라 하고 대해주유왕(大解朱留王)이라고도 했다. 그의 동생 민중왕(閔中王)의 이름이 해색주(解色朱), 그의 아들 모본왕(慕本王)의 이름이 해우(解憂)였던 것을 보면 부여 해(解)씨와 같은 계통이었음을 알 수 있다.

《삼국사기》〈광개토왕〉 17년(408년)조를 보면 이런 대목이 나온다. "3월에 왕은 사자를 북연(北燕)으로 파견해 종족(宗族)의 은의를 베풀어 주었다. 북연 왕 고운(高雲)은 시어사 이발을 파견해 이에 답례했다. 연왕 고운의 조부 고화(高和)는 고구려에서 갈린 족속으로 고구려 고양씨(高陽氏)의 후손이라 일렀던 까닭으로 고씨를 성으로 삼았다. 처음 모용보가 태자로 있을 때 고운은 무예가 능하므로 동궁에 두고, 모용보는 고운을 아들 삼아 모용씨(慕容氏)의 성을 주었다." 이 기록으로 보더라도 고구려는 전욱 고양씨계임이 확인된다. 이 기록은 중국의《진서(晉書)》에도 나오고 있다. 금문을 통해 이를 확인하면 사실이 더욱 분명해진다.

알자백이 전욱 고양씨에게는 여섯 아들이 있었다. 이 금문은 '당우삼과병명(唐虞三戈兵銘)'이라 이름한 청동칼로 하북성(河北省) 보정청원(保定淸苑)에서 출토해 요령성 박물관에 있다는 점은 앞서 밝혔다.

큰아들 대부일계(大父日癸) 집이 축융 집안이고 둘째 대부일계가 여(旅, 呂)씨 집으로 뒷날 구려(句麗)가 되었다가 고주몽의 고구려가 된다. 셋째가 중부일계(中父日癸)로 물고기로 상징된 곤으로 가야와 인연이 있을 것으로 보인다. 넷째가 부일계(父日癸)로 책방(冊方)씨라고도 하며 백익과 진시황으로 이어진다. 다섯째가 부일신(父日辛) 고수(瞽瞍)로 순임금의 아버지이다. 여섯째가 부일기(父日己)로 승축(乘畜)이 되며 말 마(馬)와 연결된다.

이처럼 고구려는 스스로 중국 성씨에 연결시켰을 뿐 아니라 신라나 백제보다 선진된 성씨 제도 흔적을 찾을 수 있다. 앞서 본 건국 3공신 사성 이외에도 위씨(位氏), 부정씨(負鼎氏) 등 사성 기록들이 보이며 중국과 접경하고 있었던 탓인지 중국의 최씨 등 여러 성씨와 연나라 모용씨, 송씨, 장씨, 배씨 등 수많은 성씨 흔적이 기록에 나타난다.

뒷날 을지(乙支)문덕, 연개(淵蓋)소문 등 중국 초기 때와 같은 북방계의 두자 복성(複姓)이 많았으나 한반도 현존 성씨에 연계되지 않았다는 특징을 나타내고 있다. 이처럼 한국의 성씨는 고려 때 태조 왕건이 중국 성자를 흉내 내 한국 본관 성씨를 만든 것이 아니라 이미 삼국시대부터 중국 성씨 제도와 밀접하게 연결되어 있음을 알 수 있다.

5. 진한(辰韓)의 진망인(秦亡人)들

(1) 무열왕의 비문

경주 김씨 시조는 알지(閼智)이다. 《삼국사기》 '미추왕'조를 보면 "미추왕은 시조로부터 7세손이다. 박씨 왕이었던 첨해왕(沾解王, 247~261)의 사위로 왕위에 올랐다." 《삼국사기》〈잡지〉 '제사'조에 보면 미추왕을 김씨들의 시조로 모신 기록이 있다.

《삼국사기》 기록에 김씨 2세는 세한(勢漢)이라 했다. 937년에 세운 진공(眞空)대사 탑비나 진철(眞撤)대사 탑비에는 세한이 성한(星漢) 또는 성한(聖漢)으로 바뀌어 있다. 그보다 앞선 681년에 세운 문무왕(661~681) 능비에도 성한(星漢)이라 했다.

문제는 문무왕릉 비문이다. 이 비문에는

진공대사 탑비

진철대사 탑비

문무왕비

제천지윤(祭天之胤)이란 구절이 있는데, 하늘에 제사한다는 이 집안은 소호 김천씨를 제사 지내던 중국 휴도왕(休屠王) 집안이라는 주장이 있다. 1928년에 나온 《조선씨족통보》 '경주 김씨'조(87쪽)에 보면 본디 후한 때 김일제(金日磾, BC 134~86)란 사람이 있었다. 한(漢) 무제(武帝, BC 142~87)가 김씨 성을 하사한 소호 김천씨 집안이라는 것이다. 김일제는 흉노계 휴도왕의 왕자로 한나라에 공을 세워 투(秺) 땅의 제후가 되었다고 《한서(漢書)》에 나온다.

문무왕릉 비문은 《한서》에 나오는 이 김일제 집안에 뿌리를 대고 있다. 어떤 연유 때문인지 깨뜨려져 이제는 그 내용을 완벽하게 판독할 수 없게 되었지만, 남아 있는 비문 가운데 '火官之后', '英以秺候', '祭天之胤', '傳七葉而' 따위 글귀가 있다. 소호 김천씨를 제사 지낸 화관지후(火官之后) 집안은 바로 김일제 집안이고 이 집안이 바로 한(漢) 무제가 김씨 성을 준 집안이다.

경주 김씨 시조인 알지는 궤 안에서 나온 아기를 한자로 표현한 것이라고 일본학자 이마무라는 예증하고 있다. 흉노족의 여자 가운데 알씨(閼氏)가 나오는데, 이 알씨는 우리말 '아씨'와 상관관계가 있다는 주장이 있기도 하다. 한편으로 금문학자 김재섭 씨는 알은 알백(閼伯)의 후손에 붙는 글자로 금문에 동그라미에 점을 찍어 나온 부호로 낙빈기 씨가 정옥 또는 주(珠, 구슬)로 해석한 알의 시조 전욱 고양씨의 후손이며 진시황의 선조이기도 하다는 것이다. 말과 글자가 진화하고 분화되지 않았던 시절의 김(金)은 뒤에 진(辰), 진(秦), 진(眞), 견(甄), 예(濊), 쇠(金), 신(新)의 뿌리가 되었다는 주장도 있다. 우리가 흔히 말하는 '알타이'도 이것과 상관관계가 있다.

부여(夫餘)에 부소산(扶蘇山)이 있다. 진시황의 큰아들 이름인 부소나 백제와 일본 성에 많았던 진(眞)성이 이와 관련이 있을 것이라는 추론도 웃어넘길 일은 아니다. 심지어 박혁거세마저도 중국 땅에서 건너온 '밖의 것(밖에 것이)'이라고 풀이하는 재야학자도 있다.

(2) 신라 3왕 성과 알씨들

《삼국사기》〈신라 본기〉'시조 혁거세 거서간'조를 보면, 고허촌 촌장 소벌공(蘇伐公)이 알천(閼川)의 양산 기슭에서 큰 알에서 나온 아이를 데려다 길렀다. 이 아이가 자라서 서기전 57년 1월 15일 즉위하니 나이가 13세였다고 적고 있다.

혁거세의 성이 박(朴)이 된 것은 박[瓝]처럼 생긴 알에서 나왔기 때문이라고 하였다. 문자 발전에 따른다면 '박 호(瓝)'자는 '나무활 호(弧)'자나 '여우 호(狐)'자와 같은 음이다. 활은 궁(弓)을 다룬 이족(夷族)과 통하고 그들의 먼 조상 여와(女媧)나 여호(女狐)와 통한다. 이 호(狐)는 뒷날 동호(東胡)가 되었다.《양서》에 신라 사람들은 화살을 호(弧)라 한다는 말이 있으므로 이 호(弧)는 호(瓝)와 상관관계가 있을 터이다. 박처럼 생긴 알에서 태어난 것이 아니라 활을 잘 다루는 동호계(東胡系) 사람이었을 가능성이 많다. 김성호 씨도《단군과 고구려가 죽어야 한다》(2002년, 월간조선사) 35쪽에서 같은 가능성을 말하고 있다.

신라 주력이 진나라 유망민이라면 진시황의 먼 선조가 금문에 알

〔卵〕로 부호화됐다가 뒷날 기록에 전욱 고양씨로 나타나는 알씨 집안과 어떤 연관이 있었을 것 같다. 바로 한나라 무제로부터 김씨 성을 사성받은 투(秺) 땅의 제후 김일제의 어머니가 알씨〔休屠王后〕이다. 알천에서 태어난 혁거세가 용의 겨드랑이에서 태어난 알영(閼英)을 부인으로 맞았으니 어찌 이를 우연의 일치라 하겠는가.

본디 중국의 용족(龍族)은 신농계 축융의 후손들이다. 용은 본디 누에고치 속의 번데기〔蛹〕가 발전한 글자이다. 뽕을 먹고 자라는 누에는 진(辰)이고 진이 자라면 용(蛹)이 된다. 그래서 용(龍)과 진(辰)은 같이 쓰는 것이다.

신라 4대왕은 석(昔)씨 탈해왕(脫解王, 57~80)이다. 탈해왕도 알에서 나왔는데 다파나국(多婆那國) 여인이 낳은 알을 궤에 실어 바다로 띄워 보내 닿은 곳이 지금의 영일(迎日)만 아진포(阿珍浦)였다. 까치가 따라왔으므로 '까치 작(鵲)'자에서 새 조(鳥)자를 떼어 석(昔)이라 했다고 《삼국사기》는 쓰고 있다. 설화는 어찌되었건 고기잡이로 살아가던 족속으로 동북 1천리에서 왔다 하므로 흑룡강변에 있던 진번(眞番)이나 읍루(邑婁)에서 왔을 것이나 석(昔)자가 옛날을 뜻하는 글자이므로 예족(濊族)으로 보인다. 석탈해는 박씨였던 남해왕(南解王, 4~24)의 사위가 되어 왕위에 올랐다. 신라 초기 왕위 계승을 눈여겨보면 중국 삼황오제처럼 사위(딸)에게 왕권이 대물림되었다는 것도 우연이 아니다.

남해왕의 부인은 운제(雲帝)부인 또는 아루(阿婁)부인이라 했는데 혁거세 부인이 아씨인 알영이라 했듯이 알을 아루라 했던 것 같다. 유리왕(儒理王, 24~57)의 부인은 박허루(朴許婁)의 딸 일지(日知)라고 기록하고 있으나 허루도 아루의 변형이고 일지는 알지의 변형이다. 신라 13대왕 미추(味鄒, 262~284)는 김씨로 박씨의 외손이면서 부인이 11대 석(昔)씨 조분왕(助賁王, 230~247)의 딸이므로 석씨의 사위가 되

어 왕위에 오른 최초의 김씨이다. 그의
선조는 알지(閼智)로 4대 석탈해왕이
65년 3월 금성 서쪽 시림(始林, 뒤에
계림이라 했다)에서 흰 닭이 우는 나뭇
가지에 걸려 있는 금 궤짝에서 주워 온
아기〔알지〕이다. 미추왕은 이 김알지의
7세손이다. 이에 대한 설명은 앞서 무
열왕릉 비문 편에서 밝힌 바 있다. 우
리말 '아씨', '아가씨', '아기씨'의 뿌리를
보는 것 같아 흥미롭다.

무열왕비

그러므로 신라왕이 되었던 세 집안은 모두 알과 관계가 있음을 알
수 있다.

알은 새가 낳는다. 중국 신화 속의 인물이며 김일제 집안 사람들이
제사 지낸 소호 김천씨는 벼슬이 조관(鳥官)이었다. 중국 금문의 해석
에 따르면 알백(閼伯) 고양(高陽)씨 전욱(顓頊)은 바로 소호 김천씨 누
이의 아들로 김천씨 집에서 자랐다. 그때는 모계사회여서 남자가 여자
집에 장가 가서 아이를 낳고 살던 시절이라 친가와 외가의 구분이 없었
다. 형제 자매 사이에도 혼인을 했다. 신라에도 이 유습이 그대로 전해
진 것이다.

《삼국사기》〈신라 본기〉 17대 '내물왕(奈物王)'조를 보면, "신라에
서는 동성(同姓)을 아내로 취할 뿐 아니라 친형제의 딸이나 이모, 고모
의 딸들도 모두 아내로 맞았다. 비록 외국과는 서로 풍속이 다를지라도
중국의 예의 법속으로 이를 책망하면 잘못이다"라고 적고 있다. 이처럼
한국 정통 국사라는 《삼국사기》가 신라 상대를 중국 대륙에 기대고 있
는데도 한국사학에서는 애써 이 부분을 외면한다.

국수주의에 불리한 대목은 사대사관이라 하여 버리고, 버린 책 가운데서 유리한 대목만 골라 정통을 세우는 것은 비겁한 열등의식자들이 할 짓이다.

최재석(崔在錫) 교수는 《한국 고대사회연구》(1987, 일지사)에서 신라 때 시조묘(始祖廟)란 신라 개국의 박혁거세 제사로, 석(昔)씨 왕이나 김씨 왕이나 성씨를 가리지 않고 박혁거세를 시조로 모시고 제사 지냈다고 주장하고 있다. 다만 신궁(神宮)은 22대 지증왕(智證王) 3년인 서기 502년 제사 지낸 나을(奈乙)신궁이라 했던 것으로 보아, 날[日]인 태양신을 제사하는 신궁이었던 것 같다.

중국 진시황은 백익의 후손이다. 백익의 할아버지가 순임금이며 순임금의 할아버지가 알백 전욱 고양씨이다. 고양씨의 아버지가 대화씨(大禾氏)이다. 양(陽)은 양족(羊族)에서 나왔으며 신농씨의 성이 강(姜)인 것도 양족에서 나왔다.

양은 햇볕이 잘 드는 양지쪽이며 날[日]이며 태양, 곧 해님과 통한다. 해님은 신농씨 아들 대화(大禾)이고 희화(羲和)이며 알씨인 전욱의 아버지다. 중국 고대에 양이라 할 때 양(羊)과 양(陽)은 오늘날과 같이 다른 뜻의 글자가 아니었다.

해님의 부인이 달님인 창의(昌意)이고 상의(常儀)라고도 쓰며 소호 김천씨의 여동생이다. 진시황의 진(秦)은 뒷날 김(金), 진(眞), 진(辰), 진(甄) 따위로 변했다. 한반도 현존 성씨 가운데 진(甄)을 견이라 읽고 있지만 본디 성자로 읽을 때는 진이라 하고 지렁이를 이를 때는 '견'이라 한다. 백제에 진(眞)성 인명이 많은 것이나 부여의 부소산이 진시황 큰아들 이름과 같은 것은 앞서 밝힌 바와 같다.

후백제의 견훤도 본디 발음은 진훤이며 김씨와 인연이 있기 때문에 경주에 쳐들어가 박씨 왕을 물리치고 김씨 왕을 세운 것이다. 김씨 노인들이 스스로 성씨를 이를 때 '내 성은 진가'라 하는 것도 연원이 있는 것이다.

최재석 씨는 《신라의 성과 친족》에서 고려 초기까지만 해도 한반도에서는 성을 두 가지 이상 가질 수 있었고 외갓집 성을 잇기도 했다고 주장하고 있다. 그 보기로 신라 때 박제상(朴堤上)은 김제상으로 나오기도 하고 김이사부(金異斯夫)는 박씨로 나오기도 한다고 예시했다. 물론 이런 현상은 고려 초기 왕실혼에 많았다. 최 교수는 한국성의 계승 원리는 어머니의 아들과 손자, 어머니의 딸과 아들로 이어져서 결국 외가성(外家姓)을 따랐으나 조선왕조 중엽에 와서 부계 씨족집단의 부호로 정착되었다고 주장한다. 이 같은 원리 때문에 신라 때 김씨 왕이나 석씨 왕이 외가이거나 장인 집안 시조인 박혁거세를 시조로 받들어 제사 지냈다는 것이다. 이 점은 중국과는 달리 옛 중국 풍속을 따라 처가살이 기간이 길었던 한반도 풍습에 원인이 있었다고 본 것이다

조선왕조 중엽까지도 딸이 친가의 제사를 모시거나 재산을 상속 받았다. 조선시대에도 여자가 시집을 간 뒤에도 계속 자기 친가성을 가졌다. 여자 노비가 양반씨를 받아도 그 자식이 노비가 되는 것은 이런 오랜 전통에서 왔다. 왜 유달리 한반도에서만 씨보다 밭이라 할 여성의 성(姓)을 존중하는 제도가 지속되었을까?

고향을 떠나 사는 사람들이 옛 고향 습속을 본 고장 사람들보다 더 잘 이어가는 문화인류학적인 계승 원리도 있었을 것이나, 사방에서 외침을 받는 반도 땅 여성에게 어떤 씨가 뿌려지더라도 땅의 정체성을 존중해야 할 지리 때문이다. 인간도 생물들이 갖고 있는 자기 정통성의 영속을 바라는 본능이 있기 때문에 지리와 환경에 따라 특정 문화를 형성하는 법이다. 한국 여성 운동가들이 21세기에 접어들어 여성도 호적을 갖겠다고 나서는 것은 어찌 보면 한반도 정체성의 복원운동 같아 보이기도 한다.

(3) 곰과 호랑이

중국의 황제와 염제의 어머니는 개미씨인 유교(有蟜, 개미 교)씨 딸로 소전(少典)의 부인이 된 임사(任姒, 임자)이다. 이 임사는 때때로 뱀의 형상을 한 서왕모(西王母)와 여와(女蝸)로 옛날에는 사(姒)는 같은 음인 뱀 사(巳)와 같이 쓰인다. 《산해경》에 보면 충(虫)은 사이며 사(巳)에 충자가 붙어 사(蛇)자가 되었다고 했다. 사(蛇)는 어(魚, 玄魚 = 거북이)가 된다. 이 임사가 염제 신농을 낳는다. 신농은 옷을 만들기 위해 키우는 누에〔辰〕 농사법을 개발해 농신(農神)이 되었다.

누에 신(辰)자는 뒤에 번데기 용(蛹)자를 낳고 그 글자가 발전해 용(龍)자로 변했다. 신농의 5세손 가운데 축융(祝融)이 있었다. 이 축융은 충(虫)자와 용(龍)의 다른 표현이다. 충에 뱀 사(巳)자가 붙어 사(蛇)가 된 뒤 이 뱀이 용이 된다. 같은 계열이 치우(蚩尤)이다.

방울뱀은 중국 서북 지방의 사막 지대에 사는 무서운 뱀이다. 중국 대륙의 서북계 민족의 토템이었다. 염제의 아들이 희화이고 희화의 다른 이름이 대화(大禾)이고, 대화의 손자 곤(鯀)은 고기이다. 물고기인 잉어가 자라면 비늘 있는 반룡(蟠龍)으로 변한다.

곤은 곰〔熊〕으로 표현한 곳도 있다. 《국어(國語)》〈진어(晉語)〉에 보면 곤이 제명(帝命)을 어겨 우산(羽山)에서 죽음을 당했다. 죽은 뒤 세발자라 내〔熊〕가 되어 우연(羽淵)에 들어갔다. 이 자라 내〔熊〕자가 뒷날 곰〔熊〕자가 되고 말았다. 곤의 아버지 전욱 고양씨도 죽어 고기가 되었다는 기록이 있다.

이 황웅이 황룡(黃龍)이 되고 황룡과 백마(白馬)는 다같이 곤의 후손들의 상징이 된다. 곤의 아버지 전욱은 북방 신으로 현무(玄武)로 상징된다. 현무란 한글말로 '검'이며 이 검이 왕검의 검(儉)이 되었다. 곤은 세발자라로 바로 현무이며 곰이다.

한국 민족이나 성씨 근원을 지나치게 중국 기록에서 찾고 있는 데 거부감이 있을 수 있다. 그러나 한국 민족의 나라 이름이나 성이 모두 중국 문자를 쓰고 있으므로 문자를 통한 근원을 찾으려면 중국의 기록이나 문자 발달을 제대로 알아야 한다.

설사 민족이나 씨족의 근원이 중국과 달랐다 할지라도 중국 글자를 빌려 쓴 것은 사실이므로 중국의 기록과 연관된 글자를 쓴 이상, 그 근원은 중국 글자의 근원에서 찾을 수 밖에 없다. 2천여 년 전에 중국에서 만들어졌다는 《산해경(山海經)》, 《이아(爾雅)》, 《설문(說文)》 따위 책을 보면 그 음(音)이 오늘날 한국인이 쓰는 소리와 같은 글자들이 많아서 한문 글자를 외면할 수가 없다. 이런 사례들이 있기 때문에 사람에 따라 한문은 중국 문자가 아니라 한국인의 옛 문자라고 주장하기도 한다. 고국을 떠나 사는 민족들일수록 모국어와 모국 문화 및 풍속을 예스럽게 잘 지킨다고 한다. 그래서 한국인의 옛 말은 현재 일본의 말에서 더듬을 수 있고 중국의 옛 말이나 풍습은 한민족의 말 가운데 많이 남아 있게 된다. 중국에서 김씨 성을 갖게 된 김일제 집안의 먼 조상은 흉노족이었다. 이들의 풍습은 상투를 틀었는데 신라에서 시작했다는 8월 보름 가배(한가위)도 중국의 흉노계에 있던 풍습이고 송편 대신 월병 풍습이 있었다.

그 동안의 기록들은 한반도 유입 족속을 소호 김천씨 계열이라 했으나 금문으로 보면 신농씨 집안과 소호 김천씨 집안은 외손관계에 있었다.

봉황(鳳)과 호랑이를 종족의 표상으로 삼은 씨족은 소호 김천씨 서쪽 후손들이다. 소호(少昊)의 호(昊)자는 옛날에는 호랑이 호(虎)자와 같이 썼기 때문에 백호(白虎)라 하는 것이다. 이 집안 후손들인 파촉 지방에는 호랑이를 제사 지내는 풍습이 있었다. 호랑이 밥이 되는 개〔犬〕를 표상으로 하는 견이(犬夷)도 이 집의 외손이다.

중국의 왕헌당(王獻唐)은 《염황씨족문화고》에서 이 집안이 경계 계(界)를 뜻하는 개씨국(介氏國)을 이뤘고 개씨국의 후손들이 개이(介夷), 견동이(犬東夷), 고개족(古介族), 개래족(介萊族), 구족(句族), 구족(仇族), 구천(句踐), 구려(句麗), 고려(高麗)가 되었다고 주장하고 있다.

북쪽으로 번진 적맥(狄貊)이 불가사리인 해태를 상징하고 돼지〔豚〕를 제사 제물로 삼는다. 이 집안에서 돼지 움집의 글자인 가(家)란 글자가 나왔다. 고구려에도 이런 풍습이 있었다.

서정범 교수는 《우리말의 뿌리》에서 피갈래인 겨레를 'KARA'라 하고 가라(加羅)가 나왔다고 주장한다. 사실 이 뿌리는 개래(介萊)에서 나왔다. 서씨는 조선(朝鮮)의 뿌리를 '돝'에서 찾고 있는데, 이 돝은 돈(豚)이나 도(屠)에서 찾아야 한다. 돼지의 시(豕)와 사람을 뜻하는 시(尸)자는 같은 계열이다.

중국의 금문학자 낙빈기 씨는 조선의 조(朝)는 신농씨 할아버지와 뉘조 할머니 그리고 아버지인 선직 해님인 희화씨의 세 조상에게 제사하는 제사장 고양 전욱씨의 상징 부호이고 선(鮮)은 제사직을 이었다는 곤(鯀)의 상징 부호이며 한(韓)은 이 제사를 지내기 위해 울타리를 치고 집을 지었다는 순임금의 상징 부호에서 출발했다고 설명한 바 있다.

소호(少昊)의 호(昊)는 호(虎)의 다른 표현이다. 이 때문에 소호는 서방신이며 백호(白虎)로 상징했다. 단군왕검 신화의 곰과 호랑이는 바로 곤(鯀)의 곰족과 소호계 후손과의 관계를 상징한 얘기이다.

예족(濊族)이라는 예(濊)자는 옛날 세(歲)자와 같이 썼으며 '쇠'라고도 읽는데 쇠붙이를 다루는 염제 신농계에서 갈려 나간 집안이다. 맥족(貊族)의 맥은 쇠붙이를 먹고 사는 불가사리로 역시 쇠붙이를 다루는 염제 신농씨 계열이다. 이 맥족이 기르던 개가 박(狛)이고 맥족이 고구려에 흡수되었기 때문에 일본 사람들이 박(狛)을 '고마'라고 하거나 '고마이누(高麗犬)'라 하여 신사 앞에 석상으로 세운다.

돼지는 돈의 상징이다. 도당(陶唐)씨 요임금 아들 가운데 고요(皐陶)가 있었다. 그는 아버지의 대를 이어 질그릇(陶)을 업으로 삼아 돈을 잘 벌었다. 이 도(陶)는 도(屠)자가 되고 질그릇 대신 돼지가 돈이 되어 돈(錢)과 부의 상징이 되었다.

옛날에 돼지는 중요한 생필품이었다. 이 가죽이 시위(豕韋)이다. 질그릇과 가죽을 다루는 집안들이 저잣거리를 이루고 도시와 상업이 생겨났다. 역시 돼지와 질그릇은 옛 상업의 중심 상품이었다. 한국 사람들이 돼지 머리를 놓고 고사 지내는 것은 곧 돈의 풍성을 비는 뜻을 담고 있다.

(4) 가야 성씨

《삼국사기》〈열전〉에 김유신(金庾信)이 나오는데, "그는 가락(駕洛) 수로왕(首露王)의 12대손이고 김유신의 비문에는 헌원의 후예이며 소호의 영윤이다"고 하였다. 그런데 "신라 사람들은 자기들을 소호 김천씨의 후예이므로 김씨라 한다고 하였는데, 김유신의 비문에도 소호의 영윤이라 했으니 남가야 수로왕은 신라와 동성이다"고 덧붙이고 있다. 이 말은 같은 김씨 성을 가졌을 뿐 아니라 같은 선조의 집안이란 뜻이다. 왜냐하면 《삼국사기》에서 말하는 신라 김씨는 오늘날 말하는 경주 김씨로 경주 김씨의 시조 김알지의 후손인 무열왕의 비문에서도 볼 수 있듯이 소호 김천씨의 후손인 중국 한나라 김씨와 이어지기 때문이다.

그 동안 가락과 김수로 왕계에 대한 연구가 많이 있어 왔다. 수로란

우두머리를 뜻하는 수리에서 왔다는 언어적 고찰이 있는가 하면, 근래에는 수로는 수로(水路)와 통하고 우리말로 물길이므로 물길(勿吉)족이란 설까지 등장했다. 흑룡강을 중심으로 살던 선진(先秦)시대 숙신족이 한나라 때 읍루(挹婁)와 진번(眞番)이 되고 이 가운데 읍루가 북위시대에 물길이라는 새로운 족계로 분화하였다.

수로가 세운 나라는 본디 가락이다. 이 말은 '낙동강변에 세운 어른 나라'라는 말로 가(駕)자는 임금이 타는 수레이며 이 표현은 우두머리인 '수리' 또는 '수로'를 뜻한다. 일연 스님이 《삼국유사(三國遺事)》를 쓰면서 이 가락을 불교의 나라 가야(伽倻)로 바꿔 썼을 뿐이다.

이와 다른 수로왕계설로 중국의 왕망(王莽, BC 45~AD 23)대에서 찾는 주장이 있다. 금문학회 김재섭 씨는 왕망이 전한(前漢)을 무너뜨리고 신(新)을 세운 지 15년 만에 후한에게 망할 때 김해 김씨와 경주 김씨들이 한반도로 도망쳐 온 것 같다는 것이다.

앞서 경주 김씨 가계에서 중국 한나라 때 투(秺) 땅의 제후 김일제에 대해 설명한 바 있다. 《한서(漢書)》에 보면, 김일제의 증손자인 김당(金當)의 어머니 태부인(太夫人)과 왕망의 어머니 공현군(功顯君)은 자매 사이였다. 이 때문에 왕망이 정권을 잡았던 시절 김당은 투후의 지위에 있었으나 왕망이 유수(劉秀, BC 6~AD 57)에게 죽임을 당하면서 어디론가 숨어 버렸다. 김일제의 동생 일윤(日倫) 집안이 비교적 벌족해 4대에 걸쳐 7명의 시중을 배출했다. 이 집안의 탕(湯)도 왕망 시절에 시중의 자리에 있었으나 왕망이 죽은 뒤 어디론가 자취를 감췄다. 사로(斯盧)라 이르던 나라 이름을 신라(新羅)로 바꾼 것은 지증왕 4년인 503년이다. 《삼국사기》에 "신(新)이란 덕업(德業)이 날로 새로워진다는 뜻이고 나(羅)란 사방을 망라한다는 뜻이다"고 구차한 변명을 늘어놓았으나 그들 선조가 세운 한나라 때 왕망의 신국 냄새가 난다. 김수로의 가락도 가라(駕羅)라고도 한다. 나(羅)란 글자는 '벌린다'는 뜻과 더불어 '벌판' 또는 '나라'라는 뜻으로 쓰인다. 그러므로 신라는 신국이라고 말할 수도 있게 된다.

그 동안 가락에 대한 논의나 책은 여러 권 나왔다. 김수로왕의 왕비인 허황옥 왕후가 인도의 아유타국(阿踰陀國)에서 왔다는 기록에 따라 갠지스 강 유역에 있던 아요디아(Ayodya) 왕국의 공주라 하기도 하고, 그 족속들이 중국 사천성 안악현(安岳縣)의 아리(阿里) 지방에서 살다가 한반도에 건너왔다는 설과 절강성 보타도를 거쳐왔다는 설 등 확증 없는 추론들이 무성했다. 김해 수로왕릉비와 남릉 정문에 있는 물고기 문양과 같은 문양이 인도 아요디아 주의 문장과 같다는 보도가 나와 화제를 낳기도 했다.

이 글은 씨족사와 성씨에 관한 얘기를 하고 있으므로 성씨의 이동과 관련해 살펴보기로 한다. 앞서 김해 김씨와 경주 김씨는 같은 소호 김천씨의 후손이라고 주장하는 기록을 밝힌 바 있다.

재미난 것은 섬서성 장안(長安)에 도읍하고 있던 전한 시절 이곳에 허(許)씨들이 살았다는 점이다. 왕망에게 왕위를 빼앗긴 서기 7년보다 56년 앞서 왕위에 있던 선제(宣帝, BC 73~49) 때 황후 집안이 허씨였고 이 집안에 허광한(許廣漢)이란 인물이 나온다. 그는 창읍(昌邑)에 살았으며 식읍 3천 호를 가진 후작이었다. 그에게는 외동딸이 있었을 뿐이었으나 조카들은 왕망이 망하면서 어디론가 사라졌다. 김일제 후손 김당과 그와 9촌 사이인 김탕(金湯)도 어디론가 사라졌는데, 이들이 한반도 진한(辰韓) 지방의 김수로와 김알지이며 허광한 집안이 김수로와 혼인관계가 이뤄졌을 법하다는 추론이다. 이에 대한 연구와 논의는 후학들에게 맡기기로 한다.

중국의 허(許)씨는 전설상의 기산(箕山) 허유(許由)의 자손과 염제계 백이(伯夷)의 후손으로 문숙(文叔)이 하남성 허창(許昌)의 봉지를 받아 허성을 가진 두 갈래가 있다.

김해의 향토학자 강평원 씨가 쓴 《쌍어속의 가야사》라는 책에서 쌍어 표지는 전욱 고양씨의 아들 곤(鯀)의 후손을 뜻한다고 하였다(《쌍어속의 가야사》 210쪽). 독자들이 주의할 것은 곤을 우왕의 아버지라 한 것은 사마천의 《사기》를 중심으로 보는 관점이고, 금문 판독 결과로는 우왕의 장인이다. 이 점은 앞서 염제 황제편에서 밝힌 바와 같다. 중국 금문학자 낙빈기 씨는 곤의 곤(鯀)자가 뒷날 조선의 선(鮮)자로 변했다고 보았다.

고기 문양이야 옛 지중해 지방 기독교도들의 문양으로도 쓰였다. 이 고기 문양은 인도 아요디아 지방이나 중국의 전설상의 곤과 관계가 있다고 볼 수도 있다. 그리스 신화에 나오는 제우스는 중국 우왕인 제우(帝禹)이며 여호와는 중국 전설상의 여와(女媧)와 상과관계에 있다는 주장도 있으므로 관심을 가져 볼 만하다.

6. 고려시대의 성씨 제도

　　고려시대의 성씨 관련 연구 논문은 김수태(金壽泰) 씨의 〈고려 본관 제도의 성립〉(1981, 《진단학보》), 허흥식(許興植) 씨의 《고려 사회사 연구》(1981, 아세아문화사) 가운데 〈본(本)과 거주지〉, 이수건(李樹建) 씨의 《한국 중세사회사 연구》(1984, 일지사) 등이 대표적이다.

　　김수태 씨는 그의 연구에서 중국 기록에서도 이미 731년 당나라 현종(玄宗) 때 '본관(本貫) : 향관(鄕貫)'이란 용어가 쓰였으며 한반도에서 고려시대에 일반화된 본관은 출자지명(出自地名)의 뜻으로 썼다고 주장하고 있다. 이 같은 주장은 김두헌(金斗憲) 씨, 이우성(李佑成) 씨 등이 먼저 주장한 바 있다. 다만 본관은 출신지를 의미하더라도 자칭(自稱)한 것이 아니고 국가가 허용한 것이라고 결론 짓고 있다.

　　김씨는 《고려사》나 고려시대 금석문에는 관(貫) 아닌 적(籍)이란 글자를 쓰고 있는 것으로 미루어 오늘날의 호적과 같이 '등록했다'는 뜻을 가지고 있다고 보고, 본관이란 오늘날의 본적과 같이 사람들이 적을 붙여 등록한 행정구역을 이른다고 하였다. 그는 그 근거로 《사해(辭海)》와 《대한화사전(大漢和辭典)》의 설명을 들었다.

《고려사》 가운데 본관 기록은 이미 현종(顯宗) 7년(1015년)의 기록에 나온다. 물론 승려의 비문 가운데는 광종(光宗, 878~956) 때 인물인 왕극양 전진대사(878~956)의 본관이 공주로 나오고 있다. 관적(貫籍)이란 용어는 신라 때 최치원이 쓴 하동 '쌍계사 진감국사비'에도 나온다. 고려시대 본관이 없던 계층은 유랑족인 양수척(揚水尺)과 특수 천민뿐이었다. 사실은 이 양수척도 충숙왕 12년(1325년)에 호적을 두고 호적지 이외의 군현으로 이동하는 것을 금지했다.

고려 때 본관은 거주지와 일치했으나 몽고와의 전쟁으로 사람들의 거주지 이동이 이뤄진 뒤 충렬왕(忠烈王, 1274~1308) 때는 본을 되돌리는 환본 명령을 내린 바 있다. 고려의 형법에는 관향을 떠났을 때 벌을 주는 형률도 있었다. 다만 관리·군인·상인·승려가 될 때만은 본관을 떠나 살 수 있었을 것으로 김씨는 보았다.

그러므로 김수태 씨는 고려 때 본관 제도는 후삼국을 통일한 뒤 주민의 이동을 막기 위해 만든 제도라고 결론 짓고 있다. 이로 말미암아 같은 혈족과 같은 성씨 사이에도 본관의 분화가 이뤄졌다. 이때 이뤄진 본관이 오늘날까지 지속되고 있다는 견해다.

고려 태조 26년인 943년에 호적을 뜻하는 것으로 보이는 사적(司籍)과 전장(田帳)이 작성되었다는 기록이 《삼국유사》에 나온다. 김수태 씨는 이로 미루어 태조 말이나 정종 대에 이미 호적 제도가 시행되었을 것으로 보았다.

허흥식 씨는 그의 논문(〈본(本)과 거주지〉)에서 본관의 기원은 지방 호적 재편성 과정에서 발생한 것이고 법제적으로 확립된 것은 광종

이나 성종 대로 보았다.

《고려사》〈형법〉조를 보면 씨족에 대한 규정은 없이 이성(異姓)의 양자(養子)는 3세 이하 기아(棄兒)에 한하도록 규정하고 있다. 특히 상피본종(相避本宗, 피해야 할 같은 씨족)은 사위, 손녀사위, 고모부, 누이의 남편을 포함하도록 했다.

이수건 씨는 태조 23년인 940년께 군현별 토성(土姓)을 분정해 본관이 되었다고 보았다. 이씨는 고려시대 군현 토성을 2,281관으로 집계한 바 있다. 특히 이씨는 고려의 성관제도가 당나라 때의 《씨족지》나 《군망표(郡望表)》, 《통지략(通志略)》에 있는 성자(姓字)를 모방했다고 했다. 그는 고려 때의 군현 별호(別號)마저도 당나라 때 군망을 본받은 것으로 보고 있다. 이씨는 그 증거로 고려 때 분정 토성으로 보이는, 《세종실록지리지》에 나오는 170성이 모두 중국 당나라 때 성 글자라는 것이다.

《세종실록지리지》에 나타나는 8도의 토성, 망성(亡姓), 속성(續姓), 촌성(村姓), 입진성(入鎭姓), 사성(賜姓) 등은 모두 3,964성관에 이른다. 이 가운데 이미 망성이 된 성관이 1,282성이었으므로 당시 실재했던 성관은 2,682성관이었던 셈이다. 이때 이미 같은 이(李)성이면서도 성관은 138개로 갈려 있었고 김(金)성은 106본관으로 갈렸다.

이수건 씨는 이 같은 본관이 이미 신라 진흥왕 때와 문무왕 때 신라 3성 귀족과 6부 호민들을 9주(州) 5소경(小京)에 나가 살게 한 것 때문으로 보고 있다. 그러므로 본관이 다르다고 해서 같은 씨족이 아니라고 할 수도 없고 같은 본관이라고 해서 같은 씨족이라고도 말할 수 없게 된다. 이씨는 《세종실록지리지》의 〈군현 성씨〉조의 고적(古籍)으로 나오거나 토성으로 나오는 성씨는 고려 때 본관 성씨들이고 속성으로 나오는 성씨는 여말선초에 새로 생겨난 성씨로 보았다.

문종(文宗) 때인 1055년 성(姓)을 갖지 않은 자는 과거시험에 응시

하지 못하도록 한 것으로 보아 이때부터 가승(家乘) 형태의 족보가 생겼을 것으로 보인다. 개성에는 남송(南宋) 상인들이 수십 명씩 몰려와 살던 송상촌(宋商村)이 있었던 것으로 보이며 귀화자들이 생기기 시작했다. 현종 이후 거란족과 여진족의 귀화가 본격화하고 문종 때인 1073년에는 귀화한 여진족 사람들에게 성명을 하사하기도 한다.

1270년대 몽고의 지배를 받으면서 공민왕 때까지 몽고인 원(元)나라 공주 7명이 고려 왕실에 시집왔으므로 이때 공주를 배종(陪從)한 몽고인들의 귀화가 《고려사》 기록에 나타난다. 1272년 몽고가 제주도에 그들 목장을 개설한 이후 '목호〔牧胡, 몽골의 목자(牧子)〕의 난'이 일어난 1372년까지 많은 몽고인들이 살아 제주에는 10종의 몽고인 성씨가 생겨나기도 했다. 이에 대한 기록은 《세종실록지리지》나 《증보문헌비고》, 《신증동국여지승람》 등에 있다.

30여 년에 걸친 몽고의 침략과 고려 말엽 왜구의 침략으로 주민 이동이 많아 본관 거주지가 다르게 되고 중앙관료 진출에 따른 이동으로 고려 초기의 본관 제도는 뒷날 중국처럼 가계의 혈통 상징으로 차츰 변했다.

《증보문헌비고》에는 고려의 귀종(貴種) 성씨를 유(柳), 최(崔), 김(金), 이(李)라 했다. 충선왕(忠宣王) 때 왕실과 통혼할 수 있다는 재상지종(宰相之種)은 15성관이었다. 현종 이후 숙종 기간에 4~5품관 이상의 자녀들에게 특채의 기회를 주면서 가장(家狀)이라 이르는 보첩류가 생겨났으며, 예종(睿宗, 1105~1122) 때 이르러 내외손은 물론 생질에게도 음직(蔭職)을 주었고 충렬왕 때는 사위에게도 음직을 주었다. 이에 따라 고조(高祖)로부터 현손(玄孫)에 이르는 〈16고조도(高祖圖)〉나 〈9족도(九族圖)〉가 작성되었다. 이 같은 사실을 확인할 만한 자료로 고려 때 성씨를 정리한 김지의 《주관육익(周官六翼)》이 있었다 하나 전해 오지 않는다.

7. 조선시대의 성씨 제도

조선시대 성씨 기록은 1454년(단종 2)에 간행된 《세종실록지리지》에 실려 있다. 앞서 밝힌 바와 같이 이 자료에는 각 고을 토성(土姓)이 나오며 속성(續姓), 내성(來姓), 망성(亡姓), 투화성(投化姓), 촌성(村姓), 부곡성(部曲姓), 입진성(入鎭姓), 입성(入姓), 가속성, 차성(次姓), 차리성(次吏姓) 등 많은 정보가 들어 있다.

《세종실록지리지》 간행 전에 양성지(梁誠之)로 하여금 성씨 자료를 모으게 하여 1467년 《해동성씨록(海東姓氏錄)》을 간행케 했다는 기록은 있으나, 그 책은 전해 오지 않는다. 1481년 중국의 방지(方志)를 본뜬 《동국여지승람》을 만들 때 다시 《세종실록지리지》의 성씨 자료가 보완된다.

성종(成宗) 2년인 1471년 실록 기록을 보면 조선왕조 각 공신들은 충훈부와 충익부를 시켜 족보를 작성해 비치토록 했다. 바로 이 무렵인

1476년 안동 권(權)씨 집안의 《성화보(成化譜)》가 간행된다. 오늘날 전해 오는 이 족보에는 무려 9,120명의 이름이 나오지만 권씨 씨족은 869명뿐이고 나머지는 외손과 처족에 대한 세계(世系)이다.

물론 이보다 앞선 대동보(大同譜)로 1422년의 문화 류(柳)씨 《영락보(永樂譜)》, 1441년의 남양 홍(洪)씨 《정통보(正統譜)》, 1451년 진주 하(河)씨 《경태보(景泰譜)》, 1457년의 원주 원(元)씨 《천순보(天順譜)》 등이 있었다고 후대 간행된 이 집안들의 족보에 기록하고 있으나, 실물은 전해 오지 않는다. 다만 안동 권씨 《성화보》와 함께 조선왕조 초기 족보 연구에 쌍벽을 이루고 있는 족보가 1565년(명종 20)에 간행돼 전해 오고 있는 문화 류씨들의 《가정보(嘉靖譜)》이다.

이 시기의 족보들은 중국의 족보들이 부계(父系)를 중심으로 이뤄진 데 견주어 모계(母系)나 처계(妻系), 딸과 외손(外孫)까지 다루고 있어서 한반도의 모계 존중 전통을 잘 나타내 주고 있다. 이때까지도 종족의 개념에 여자를 포함하고 있음을 살필 수 있다. 이 때문에 우계(牛溪) 성혼(成渾) 같은 이는 우리나라의 종보라는 것은 씨족지이지 족보가 아니라고 말하기도 했다.

당시는 혈맥이 다른 남자 양자법이 거의 없었으며 딸도 가계 상속은 물론 친정의 제사까지 이어받았다. 이때는 동성(同性) 불혼(不婚)도 이행되지 않았다.

임진왜란과 병자호란을 겪은 뒤 성리학이 기승을 부리면서 현종~숙종 대에 이르러 절의명분이 강조되고 사색당쟁이 격화되면서 중국과 같은 부계 중심 족보로 변하기 시작했다. 그 뿐만 아니라 여러 번의 정변에 따라 새로운 공신가계가 관료로 진출하면서 고려시대 본관 거주 자손들이 향반으로 전락하고 신흥사류와 공신 중심으로 새 양반 가계가 등장, 같은 성자(姓字)끼리의 대동화 움직임마저 나타났다.

그렇다고 자유롭게 성을 만들거나 성을 바꿀 수는 없었다. 3년마다 신고하는 호구단자에 본관과 4대조까지의 이름을 적어 관아에서 이를 대조했고 다른 성씨의 자녀를 양자로 받아들일 경우까지도《대전통편》등 법전에 정한 대로 죄를 다스렸기 때문이다. 영조 때 전의(全義)의 천민이 족보를 위조해 과거에 응시하고 성을 바꿔 현감 자리에 올랐던 이만강(李萬江)이란 자는 족보 위조가 탄로나 노비가 되기도 했다.

씨족별 족보 간행이 활발하던 16세기, 권문해(權文海, 1534~1591)는《대동운부군옥(大東韻府群玉)》성씨조를 썼고, 1782년 이만운(李萬運)은《증보문헌비고》성씨편을 썼다.

이밖에도 현종 때 정시술(丁時述)의《동국만성보(東國萬姓譜)》, 정조 때 박경가(朴慶家)의《동성고(東姓考)》, 조중운(趙仲耘)의《씨족원류(氏族源流)》등이 있었던 것으로 전해 온다. 성씨 연구자들이 주로 쓰는 성씨 기록은 이의현(李宜顯, 1669~1745)의《도곡총설(陶谷叢說)》과 이덕무(李德懋, 1741~1793)의《앙엽기(盎葉記)》이다.

《세종실록지리지》의 256성(姓)이《신증동국여지승람》때 277성으로 늘어났으며 이의현의《도곡총설》엔 298성으로 더 늘어났다. 이덕무의《앙엽기》에 486성이 기재되어 있으나 79성은 고적(古籍)에 나오는 성들이므로 당시 성은 407성이었던 셈인데《증보문헌비고》〈씨족고〉에는 496성이 실려 있다.

1930년 조선총독부 인구조사 때 성은 호구 중심 250성이었으며 호적부 중심의 중추원 조사결과에는 326성이 실려 있다. 그런데 총독부 국세 인구조사에는 있고 호적부에는 없는 성이 15성으로 나타나 당시 한반도 성자는 341종이었던 셈이다.

남북으로 분단된 뒤 1960년 인구조사 때 성은 258성이었으며 1975년 조사 때 249성, 1985년 274성, 2000년 조사에서 286성으로 확인됐다. 물론 2000년 조사 때는 외국계 귀화 성씨 442종은 제외됐다(이 책 91쪽 참고).

본관은 1985년 조사 당시 3,349본이라 했으나 815개 본관이 조사착오였고 15년 동안 15개 본관이 새로 늘어 2000년 11월 1일 기준 한국의 성씨 본관은 4,179개로 확인됐다.

일제 강점기인 1924년 강효석의 《전고대방(典故大方)》과 1931년의 《조선씨족통보》가 있으나 조선총독부 중추원의 《조선의 성명씨족연구》와 1930년 조선총독부의 국세조사 결과에 따라 만든 《朝鮮の姓》이 가장 정확한 통계를 반영하고 있다.

한반도에서 노비가 해방이 된 것은 1894년 갑오경장 때이므로 이름만 있고 성이 없던 일부 노비들은 1909년의 민적법 시행 때 성과 본관을 부여받았다고 할 수 있다.

민적법이 시행된 이듬해인 1910년 5월 내부(內部) 경무국(警務局)이 조사한 1천 2백만 명의 직업 분류는 당시 신분 변이를 살필 수 있는 근대적 자료이다. 호주 중심 직업으로 보아 관공리는 0.54%, 양반은 1.87%, 농업 84%, 공업 0.79%, 상업 6.0%, 머슴살이 2.4%였다.

일본 강점기 때 일본학자들이 만든 한국 성씨 기록에는 갑오경장 이후 민적법에 따른 호적 등재 때 노비 계층의 본관과 성씨가 모두 등록 접수자들의 자의로 만들어진 것처럼 되어 있다. 이를 확인하려면 서울대학교 규장각(奎章閣)에 소장되어 있는 각 성씨들의 족보와 일본 강점기인 1920년대 만들어진 같은 씨족의 족보를 대조해 보면 노비 신분에 있던 이들이 양반가계에 편입된 실상을 파악할 수 있다.

한국의 각 씨족 족보인 대동보(大同譜)는 대부분 18세기에 접어들어 처음 만들어졌으므로 신뢰도가 낮을 수밖에 없다. 각 씨족마다 최근까지 10~15회 가량 족보를 만들어 왔으므로 씨족별로 처음 만든 족보와 일본 강점기나 광복 뒤의 족보를 비교해 보면 얼마나 첨삭되었는지, 18세기 초보(初譜)에는 없던 가계가 얼마나 새로 편입되었는지 그 실상을 파악할 수 있다.

〔참고〕 일본의 성씨와 세계의 성명

(1) 일본의 성씨와 한반도인

현존하는 일본 성씨 기록 가운데 가장 오래 된 것이 《신찬성씨록(新撰姓氏錄)》이다. 이 기록은 815년 嵯峨텐노(809~823) 때 것으로, 이름에서 보듯이 그 이전에 있던 성씨록을 새로 만들었음을 알 수 있다.

처음 성씨록은 백제가 망한 뒤 일본 왕의 자리에 오른 天智텐노(661~671) 때인 670년에 만들어졌다. 《신찬성씨록》에 대해서는 문정창(文定昌)의 《일본상고사(日本上古史)》(1970, 백문당)와 최재석(崔在錫) 교수의 《백제의 대화 왜와 일본화과정》(1990, 일지사)에서 비교적 자세하게 설명하고 있다. 일본 책으로는 田中卓이 쓴 《新撰姓氏錄の研究》(1996, 國書刊行會)가 있다. 일본에서는 이 기록에 대한 진부를 둘러싼 논의가 없지 않지만 《일본서기》나 다름없이 일본 상고사 연구에 많이 인용되고 있으며 일본 씨족 제도사 연구의 기본서로 쓰인다.

《일본서기》에 나오는 사성(賜姓) 기사는 垂仁텐노(29~70) 23년 기록이 처음이며 《속일본후기》까지의 기록에 389개 사성 기록이 있다〔阿部武彦의 상대 사성의 범위〕.

동해대학 아베(阿部) 교수는 應神(270~310), 仁德(313~399) 이전의 왕들은 종교적 요소가 많고 실제 왕은 3세기 이후로 보인다고 주장하고 있다(《일본성씨사전(日本姓氏事典)》, 74쪽). 그는 應神텐노란 존칭은 大鞆 지방의 별명이고 仁德텐노는 '사시끼' 새 동물의 별명 모도리에서 왔다고 밝히고 있다. 인덕의 장인 葛城襲津彦은 《백제기》에 보이는 沙至北跪이고 天武텐노 때 팔색 성은 존칭이 성이 되었다.

일본의 성씨 제도는 允恭텐노(412~453)에서 繼体텐노(507~531) 사이에 한반도의 영향을 받아 성립된 것으로 允恭텐노 때 80성이 생긴 것은 주목할 만한 일이다. 당시 성씨는 대부분 왕실 복무 직업명으로, 그 직명에 존칭인 臣, 連, 造, 君, 首, 史, 藥師 등이 붙었다.

應神 이후 일본 왕실은 한반도의 고구려, 백제, 신라 삼국의 영향을 받아 엎치락뒤치락하다가 삼국이 신라에게 통일 된 뒤 친 신라계 天武텐노(673~686)가 임신(壬申)의 난을 계기로 집권한 뒤 공로자를 우대하는 조치로 대대적인 족성개혁(族姓改革)을 단행했다. 이것이 유명한 眞人, 朝臣, 宿彌, 忌寸, 道師, 臣, 連, 稻置의 팔색 성이다. 지방 상민은 모두 이들 8성의 봉토에 따라 같은 성을 썼다.

그러므로 天武텐노에 앞선 天智텐노 때 만들어진 성씨록이라 할 《임오년적(壬午年籍)》은 145년 뒤인 친 백제계 嵯峨텐노 때 새로 손질할 필요성이 생겼던 것 같다. 그는 친 백제계답게 백제 유민 성씨는 많이 실으면서도 신라계는 겨우 9성만을 남긴 것으로 알 수 있다. 《신찬성씨록》에는 모두 1,182성이 수록되어 있다. 그 가운데 그들이 말하는 황족

124

성씨 335성, 토족 제신 천손 성씨 403성, 백제계 136성, 고구려 46성, 신라계 9성, 임나계 9성, 중국계 128성이 있다.

문정창 씨는 중국계로 분류된 성씨 가운데 한인(漢人)은 백제계로 그 성이 78성에 이르고 텐노계 진(眞)씨는 모두 한반도계이므로 1,182성 가운데 순수 토착 성씨 31성과 중국 성씨 128성을 제외한 86%가 한반도계라고 주장한 바 있다. 실제로 왕계 大原眞人은 "敏達孫, 百濟王也"라 하였고 路眞人은 "敏達皇子, 難波王也"라 하였는데, 敏達은 일본 30대 텐노로 572년부터 585년까지 집권한 실제 인물이다.

같은 황별(皇別) 씨족으로 嶋, 根, 豊國, 山族, 吉野, 桑田, 池上, 海上, 淸原, 香山, 春日, 高額, 茨田, 御原, 成相眞人은 모두 敏達텐노와 동종이라고 적고 있다. 일본 성씨 기록이 일본 텐노 가운데 한 사람이 백제왕이라고 쓰고 있는 것이다.

갑작스런 창성령으로 일본에는 熊씨나 어촌집단 魚씨, 鯛씨, 야채 생산 농민이라는 大根(무), 松下, 前川 등의 성씨가 있다. 佐久間英 씨의 1972년 조사 보고에서 본 일본 10대 성씨는 다음과 같다.

스즈키(鈴木, 200만 명), 사토(佐藤, 190만 명), 다나카(田中, 130만 명), 야마모토(山本, 90만 명), 와타나베(渡邊), 다카하시(高橋, 80만 명), 고바야시(小林, 75만 명), 나카무라(中村, 70만 명), 이토(伊藤, 60만 명), 사이토(齊藤, 60만 명).

《신찬성씨록(新撰姓氏錄)》(815년)

① 고구려계 씨족(46성)

· 高麗, 高, 河內民, 長背, 難波, 嶋岐, 狛, 嶋後部, 黃閔, 高井, 大狛

· 八坂, 豊原, 福當, 御笠, 出水, 新城, 男拔, 日置, 後部藥, 王, 高(3), 高田, 高安下, 桑原, 島木, 榮井, 吉井, 和, 高安, 後部

高, 朝明, 鋺師, 狛染部, 狛人, 神 등.

② 신라계 씨족(9성)

· 橘守, 三宅, 糸井, 豊原, 海原, 眞城, 伏丸, 日根, 宇努, 竹原, 小橋, 坏作, 山田 등.

③ 백제계 씨족(136성)

吳氏, 加羅, 百濟, 朝戶, 足奈, 佐良, 堅祖, 古氏, 廣幡, 大友, 船子, 新木, 豊村, 八俣部, 長田, 舍人, 和, 石野, 大丘, 沙田, 菅野, 葛井, 宮原, 津, 中科, 船, 三善, 雁高, 安敕, 市往, 岡, 百濟伎, 廣津, 石破, 春野, 面, 己汶, 汶斯, 高野, 飛鳥, 飛鳥部, 飛鳥戶, 眞野, 刑部, 半毘, 岡屋, 岡原, 宇奴, 廣井, 原, 河內, 錦部, 林, 古市, 六人部

調, 林, 香山, 高槻, 廣田, 神前, 小高, 城○○, 淸原, 廣海, 麻林, 大縣, 道祖, 大原, 菟部, 民, 御池, 中野, 杉谷, 坂田, 上, 不破, 漢人, 賈, 大石, 伊部, 末, 木, 勝, 縵, 波多, 薦口, 人, 爲奈部, 牟古, 三野, 村主, 水海, 佐良良, 依羅, 山河, 吳服, 宇努, 信太, 取石, 葦屋, 衣縫 등.

(2) 세계의 성씨

1) 이슬람교계

1740년대 리야드 지방의 모하메드 아버지 파샬인 압둘 아지즈 알 사우디(Faisal Inn Abdul Aziz Al Saud)가 메카를 중심으로 이슬람교를 복고(復

古)했다. 당시 아라비아 반도는 오스만 투르크의 영토였으나 모하메드의 아들 압둘 아지즈가 1773년 리야드를 차지하고 메카에 진출, 1932년 영국의 지원 아래 사우디아라비아를 세웠다. 이 나라 이름에는 ABCD의 기호가 이용되며 본인, 아버지, 조부, 시조명이나 발상지, 중흥조 등을 한 이름안에 나타낸다. 그래서 이슬람계 사람의 성명이 세계에서 가장 길다.

2) 그리스 정교계

남슬라브족을 중심으로 천주교 관구에서 독립한 정교파이다. 본인 이름, 아버지 이름, 가족성을 함께 쓴다(Ivan Ivanovitch Ivanov 따위). 여성은 남편의 성에 따른다.

3) 이태리계

조부, 아버지, 본인 이름을 함께 쓴다. 이태리에서도 옛 로마 귀족 후손들은 3대의 이름을 포함하되 옛 명문이었음을 나타낸다. 예를 들면 Publius Decius Musu라는 이름에는 맨 처음 나오는 이름은 개인 이름이고 가운데가 씨족 이름이고 마지막은 가문을 나타내고 있다. 사람에 따라 양부나 어머니 가문까지를 성명에 나타내기도 한다.

스위스에서는 아버지와 어머니의 성을 함께 쓰되 중간에 Y자를 넣으며, 폴란드에서는 어머니 성을 앞에, 어버지 성을 뒤에 쓰는 것이 다르다. 이로 미뤄 보면 같은 서양이지만 민족에 따라 다소 다른 점이 있음을 알 수 있다.

4) 영국계

Adams, Jakson 등은 혈통을 나타내지만, 대부분 귀족 영지 이름이나 출신지 이름, 직업 등을 성으로 쓴다. 이 점은 중국과 다르다.

① 지역을 가리키는 성씨

　·Benton(불모의 황야에서 사는 사람)　·Chalston(찰스 농장 사람)

　·Chilton(우물 곁 농장 사람)　·Clifton(해안 농장 사람)

　·Eaton(냇가 농장집 사람)　·Alston(옛 영지 사람)

　·Winston(정이 많은 시골 사람)　·Bush(숲 곁에 있는 집)

　·Ashley(이웃에 나무가 있는 목장집)　·Harley(사슴목장집)

　·Ramsey(람섬에서 온 집)　·Stanford(돌집 사람)

　·Graham(회색의 집 사람)　·Gresham(목장집)

　·Crosby(십자로 곁 집)　·Leslie(회색의 요새집)

　·Dorian(도리안 시골 사람)　·Morgan(바다에서 온 사람)

　·Norman(북에서 온 사람)

② 직업이 성이 된 경우

　·Archer(활 쏘는 사람)　·Barton, Meyer(농민)

　·Brickman(벽돌장이)　·Baxter, Baker(빵집)

　·Barker(피혁공)　·Buteer(집사)

　·Clarkson(서기집 아들)　·Carpenter(목수, 선장)

　·Falkner(배 사냥꾼)　·Fisher(낚시꾼)

　·Fletcher(화살장)　·Fuller(세탁소집)

　·Miller(방앗간)　·Porter(문지기집)

　·Shoemaker(양화공)　·Cook(요리사 집안)

　·Smith(대장장이)　·Smithon(대장간 아들)

　·Spieer(양념 장사하는 집)　·Shepherd(목동)

　·Stewart(영지관리인)　·Tyler(타일공)

　·Tylor(양복집)　·Waren(사냥꾼집)

· Wayer(차짐꾼)　　　　· Wright(목상자공)

· Webster, Weaver(방직공)　　· Thatcher(집 수리공)

· Turner(선반공)

③ 영국 사람들은 이처럼 다른 민족과 마찬가지로 직업, 선조가 살았던 땅 이름을 성으로 쓰는 사람들이 많지만 영국의 역사와 자연에 관련된 성씨도 많다. 남자는 동물, 여자는 식물과 꽃 이름을 쓰기도 한다.

· Caroline(강한 여자)　　· Hilda(여전사)

· Louise(여전사)　　· Machilda(용감한 여전사)

· Hazel(여 지휘자)　　· Arthar(호남)

· Warner(방위 전사)　　· Walter(용감한 전사)

· Owen(약관의 전사)　　· Neal(무기발군)

· Egbert(빛나는 칼)　　· Maynard(무적의 전사)

· Stanley(군진)　　· Nicholas(민중의 승리)

제 3 장
귀화인의 성씨

1. 귀화 기록의 신뢰성

2000년 11월 1일 자로 실시한 남한의 인구조사 결과 1985년 이후 11개 성이 새로 늘어나 한국인의 성씨는 286개가 되고 따로 귀화인의 성이 442개나 생겼다. 2000년에 278명, 2001년에 661명의 외국인이 새로 귀화했다고 하므로 신 유목시대에 걸맞게 한반도도 국제화가 활발히 진행되고 있는 셈이다.

재미난 것은 귀화인들이 자기 모국의 성씨대로 귀화하는 것이 아니라 한국의 성자(姓字)를 쓴다는 사실이다. 텔레비전을 통해 비교적 국민들에게 많이 알려진 독일계 이한우(독일 이름은 베른하르트 크반트, 2003년 현재 49세) 씨는 1986년 귀화하여 2001년에 성명을 이참(李參)으로 바꿨다. 미국계 로버트 할리(44)는 하(河)성으로 귀화했고, 러시아 출신 축구 선수 사리체프는 신의손(申宜孫, 그의 별명이 '신의 손'이었다)이란 성명으로 귀화하면서 본관을 그가 소속된 LG구단의 훈련구장이 있는 구리(九里)로 신고했다.

이 같은 사례는 이미 여진족이나 일본인의 귀화, 몽고계 원나라 사람들의 귀화에서는 당연한 관습이었다. 1627년 제주 해역에 표착해 조선에 귀화한 네델란드 사람 벨테브레(Jan Janse Weltvree)는 박연(朴淵)이란 이름으로 살았다. 23년 뒤 역시 제주 해역에 표류했던 네델란드 사람 하멜(Hendrik Hamel) 일행은 조선 군대에 편입되었을 때 대부분 남쪽 만인이라 하여 남(南)씨 성을 주었다.

이를 보더라도 예부터 한반도에 귀화한 사람들은 한반도 풍습을 따라 한반도에 이미 일반화된 성자(姓字)를 쓰고 본관(本貫)만 달리 했을 것이며 2000년 조사에서 보듯이 외국 귀화인들, 특히 중국계 귀화인들은 자기 모국에서 쓰던 성자를 그대로 썼다고 보아야 한다. 물론 한국의 고대 기록에 중국 성자가 별로 보이지 않음을 들어 한국의 성씨는 모화사고에서 중국의 명문 성자를 모칭했다고 단정 지을 일은 아니다. 모칭 논리는 일본 식민시대 일본학자들의 상투적인 어법이었다.

오늘날 한국 성명이 한글화하고 있음을 보면 1백 년 뒤쯤의 한국 성씨 통계에는 그 뿌리를 알 수 없는 성관(姓貫)들이 판칠 수도 있을 것이다. 오늘날 기업의 이름에 서양 문자를 즐겨 쓰는 것을 보면 통일신라나 조선왕조시대에 중국풍을 따라 중국인이 아니면서도 중국 성을 썼을 수 있을 것이나, 기록에 나타나지 않는 것까지 모칭했다거나 후손들마저 자기 선조가 중국에서 왔다는 주장을 업신여기는 것은 경솔한 판단이라 할 것이다.

물론 당나라 때 중국에서 건너왔다는 씨족 가운데 같은 성자가 기록에 나타나는 것은 주로 고려 때이며, 심한 경우 조선왕조가 들어선 뒤에 역사 인물로 등장하기도 한다. 이런 씨족들이 증거로 내세우는 족보라는 것마저 3백 년 이내의 기록들이고 《세종실록지리지》나 《신증동국여지승람》의 성씨에마저 들어 있지 않은 성씨는 문제가 없지 않다. 그렇긴 하지만 고려나 조선왕조 초기에 있던 성자가 없어진 것들도 많으므로 뒤늦게 옛 성씨를 찾아 기록할 수도 있을 것이다.

비교적 성씨를 잘 정리하고 있는 관찬(官撰) 기록은 1782년 정조 6년에 왕의 명을 받아 이만운(李萬運)이 만든 《증보동국문헌비고(增補東國文獻備考)》이다. 이 책을 보면 권문해(權文解, 1534~1591)의 《대동운부군옥(大東韻府群玉)》과 이의현(李宜顯, 1669~1745)의 《도곡집》을 많이 인용하고 있다. 《조선왕조실록》에 족보를 위조하거나 모칭한 자를 잡아 유배한 기록들이 있음을 보면, 신분시대에 신분 기록의 증표인 족보를 쉽게 위조하거나 모칭하기가 쉽지 않았을 것으로 생각된다. 그러므로 노비 신분이 해방된 갑오경장 이후 일제 초기에 만들어진 족보는 신뢰도가 낮다고 볼 수 있지만, 그 이전의 기록들은 신뢰도가 높고 사료적 가치도 있다는 생각을 갖게 된다.

귀화 성씨에 대한 기록은 역시 《증보문헌비고》가 최고이며, 이를 모본으로 조선총독부 중추원이 1934년에 낸 《조선의 성명 씨족에 관한 연구조사》가 귀화 성씨에 대한 첫 연구 조사서임은 앞서 말했다. 이 책에는 귀화 사례 129건과 성씨 120개 가량이 실려 있다. 2000년 청문각에서 펴낸 김학천 씨의 《성(姓)의 기원(起源)》이란 책에는 454개 귀화 성관이 실려 있다. 이 책에는 그 출전이나 기록이 없는 것으로 보아 족보 기록들 중심의 집계인 것으로 보인다.

2. 단군과 한 핏줄

단군(檀君)은 우리 한(韓)민족이 처음으로 세운 나라의 첫 임금이라고 믿고 받든다. 그분은 천제(天帝)이신 환인(桓因)의 손자이며 환웅(桓雄)의 아들로 BC 2333년 아사달(阿斯達)에 도읍을 정하고 조선을 개국했다고 믿고 있다.

이에 대한 얘기는 일연 스님의 《삼국유사》에 쓰여 있다. 일연 스님은 속가의 이름이 김견명(金見明)으로 1206년(고려 희종 9)에 경주 경산에서 태어나 1289년(충렬왕 15)에 열반한 뒤 보각(普覺)이란 시호를 받았다. 78세 때 충렬왕의 부름을 받아 국사(國師)가 되고 1282년 《삼국유사》를 썼다. 몇몇 사학자들은 당시 원나라가 차지하려던 평양에 대한 한민족의 역사적 인연을 강조하기 위해 《삼국사기》(1145)에서 전혀 언급하지 않은 단군왕검에 대한 얘기를 썼다고 말하기도 한다.

《증보문헌비고》〈제계고〉 씨족편에 보면, 단군조선 때 여수기(余

守己)가 서(徐)씨가 되었다는 기록이 나온다.《규원사화(揆園史話)》나 《조선사략(朝鮮史略)》을 보면 단군왕검은 옥저(沃沮), 숙신(肅愼) 등 여덟 신하에게 호가(虎加), 마가(馬加), 우가(牛加) 등 여덟 벼슬을 주었다는 기록이 나오고 이때 배(裵)씨도 생겼다는 기록도 있다. '사단법인 단군조선선양회'가 내세우는《조선사략》이란 책은 1971년 6월 충남 연기군 전의면 사람 홍종국(洪鍾國)이 연기군에 신고했다는 고운(孤雲)의《제왕연대부》의 내용과 같다. 고려 때 이승휴(李承休, 1224~1301)가 지었다는《제왕운기(帝王韻紀)》에도 비슷한 단군왕검 얘기가 실려 있다.

조선왕조 세종 때 이 같은 신화를 근거로 평양에 사당이 세워지고 구월산에 삼성사(三聖祠)도 세워졌다. 열강과 일본의 침략이 시작되던 구한말이 되면서 단군은 민족의 국조로 추앙되기도 하고 대종교(大倧敎)라는 종교로 발전하기도 했다. 시대적 필요 때문에 강조된 감이 없지 않다.

1962년 들어 단기는 서기로 바뀌고 단군에 대한 논의는 고개를 숙였다. 그렇더라도 한민족을 단일민족이니 한 핏줄이니 하는 주장에는 단군신화에 대한 관념이 밑바탕을 이루고 있다. 이제는 남북 대결 구조를 완화시키는 데 동원되기도 한다.

치우(蚩尤)는 중국 신화에 나오는 인물이다. 그는 중국의 황제 훤원과 탁록에서 싸우다 패했다. 전설에 구리머리와 쇠이마를 가졌다고 하는 치우는 10년 동안 73회나 싸운 동이족의 선조이며 전쟁의 영웅이다. 2002년 월드컵 때 붉은악마 응원단은 이 치우를 응원단 상징으로 썼다. 치우는 탁록전쟁에 져서 황하 유역을 황제에게 내주고 사방으로 흩어진 구이(九夷)와 구예(九黎)의 선조가 되었다. 동이(東夷)는 그 겨레붙이라 한다.

《규원사화》는 이 치우가 단군왕검을 이은 고조선의 14대 임금인 자오지(慈烏支)라고 정리하고 있다. 이처럼 기록은 인용하는 사람의 처지에 따라 달라질 수 있어서 그 배경을 잘 살피지 않으면 안 된다.

한민족의 본류가 단군왕검을 국조로 하는 민족이라 하더라도 많은 씨족들이 유입되어 동화되었음은 인정해야 한다. 물론 엄격하게 따지자면 한 핏줄은 아니라고 할 것이다.

3. 한국민의 26%가 귀화인 후손

2000년 11월 1일 현재 남한 인구 4,598만여 명 가운데 스스로 자기 선조가 외국에서 한반도에 유입해 온 집안이라고 밝힌 국내 족보와 역사 기록에 나타나는 귀화를 중심으로 집계한 귀화 국민은 전 국민의 26%인 1,236만여 명이었다.

놀랍게도 146성 516개 본관 씨족이 외국에서 들어와 동화된 국민이라는 사실이 드러난 것이다. 물론 본관 수로는 그보다 1백 본 이상 늘어날 수 있을 것이지만, 2000년 11월 1일 현재 국내 본관 수 4,179본 가운데 1백 명 이하 본관이 3천여 본에 이르므로 그 본관 수는 큰 의미가 없다.

국내 286성씨 가운데 1백 명 이하 성씨가 42성이고, 인구 1천 명 이상의 성은 112성에 지나지 않으므로, 1백 명 이하 성씨들이 대부분 일제 강점기나 광복 뒤 귀화 성씨 또는 창씨 성씨들임을 생각할 때, 박(朴)·하(河) 등 몇몇 성씨 이외에는 모두 중국 성자를 빌어 썼다고 단정 짓는 주장도 나올 만하다. 그러나 실제로 중국 귀화인들이 많았으므로 모칭했다는 단정은 정황판단일 뿐이며 합당한 근거는 없다.

본관별 귀화 인구통계에서 귀화 뒤 새로 본관을 창설한 성씨 인구통계를 귀화 인구 속에 모두 포함해 집계하지 않은 것이므로, 실제로는 귀화 씨족은 전 국민의 30%를 넘을 것이 확실하다.

만일 《삼국사기》의 기록에 따른 경주 김씨계나 김해 김씨 수로왕계를 외래 귀화 국민에 포함시킨다면, 김해 김씨나 김해 허(許)씨를 합한 인구가 442만 명이고, 경주 김씨 계열과 안동 권씨 등을 합한 수가 250만 명을 넘어서서, 국민의 절반이 귀화인의 후손들이라는 주장도 가능하다. 이런 식으로 따지자면 한반도 토박이는 시조 탄생설화를 가지고 있는 밀양 박(朴)씨나 창령 조(曺)씨, 남평 문(文)씨 등 몇몇 성씨와 경주 6촌장 성씨 등 10여 성씨에 지나지 않아 민족의 본류는 없어지고 미국이나 마찬가지로 떠돌이들이 모여 사는 국토가 되고 만다.

그러므로 이 글의 서두에서 언급하였듯이 민족이란 개념은 혈족 중심 개념이 아니라는 실증이기도 하다. 설사 이 땅으로 이동해 더부살이를 하는 과정에 동화되었다 하더라도 유입의 주류는 중국이었으므로, 씨족 기록을 중심으로 중국의 유입지 종족 연원에 대한 추적을 통한 한반도 민족 성원의 구성을 유추해 본다는 것은 흥미있는 일이다.

재미난 현상은 씨족마다 한반도 유입 시기를 중국의 변란이나 왕조 교체기에 두고 있다는 점이다. 기자의 후손이라는 씨족이나 기자를 따라왔다는 씨족의 후손은 168만 명 가량이다. 이처럼 연원을 한반도 국가 성립 이전에 둔 성씨를 북쪽에서 이동한 예맥(濊貊)계로 본다면 신라(新羅)나 가락(加洛)계는 진(秦)나라가 망하고 한(漢)나라가 서는 정권 교체기에 건너온 진나라 유민이라는 《삼국사기》 기록이 전혀 잘못되었다고 할 수 없다.

더욱 흥미를 끄는 것은 삼국(三國) 이전 한국 귀화 성씨들의 중국 고향이 관북(關北) 지방에 집중해 있고, 삼국 이후 통일신라시대에는 주로 산동(山東) 지방에서 건너왔다고 주장하고 있다는 점이다. 통일신라 때 중국 왕래는 서해안의 당항진과 산동성의 등주, 교주 등을 통해 이뤄졌다. 청해진 대사 장보고의 석도진 법화원이 산동성에 있었던 것도 이 같은 사실과 관계가 있는 것으로 생각된다.

고려 초엽에는 중국의 당나라가 907년에 망하면서 일어난 5대(五代) 10국(十國)이 싸우던 혼란기답게 8개 씨족이 귀화한다. 후주국(後周國)의 쌍기도 이때 귀화했다. 960년, 송나라가 개국하면서 중국은 안정기에 접어들었으나, 1127년, 금(金)이 중국 북쪽을 차지하자, 송이 남으로 밀려 항주에 도읍을 정하면서 중국 강남 지방의 남송과 한반도는 왕래가 더욱 활발해진다.

중국 남쪽 절강성 지역과의 무역은 고려 초부터 활발했지만 1117년 예종 11년에는 고려 무역관이 절강성 영파에 세워지고 현종 이후 충렬왕 때까지 송나라 상선이 160여 회나 왔으며 그 상인 수는 5천 명을 넘어섰다. 이처럼 교류가 활발했던 고려에 귀화한 중국 귀화 성씨는 22성에 이른다.

《고려사》에도 송나라에서 귀화가 많았다고 기록되어 있는데 절강성 지방에서 건너온 성씨가 대다수를 차지하고 있다. 송나라가 망하고 원나라가 중국을 통일하던 고려 인종(1122~1146) 때 중국에서 한반도로 8성씨가 건너온다.

고려 후기에는 몽고 국가인 원나라 귀화 성씨가 20성 40본관에 이르며, 제주 목마장과 관련한 귀화 성씨도 11성에 이른다. 역사기록에는 고려 말과 조선왕조 초엽 압록강 북쪽에서 귀화한 여진족과 거란족이 수만 명에 이르지만 스스로 여진족이라 밝힌 씨족은 오늘날 청해 이씨

뿐이다. 일본인 귀화도 《신증동국여지승람》〈괴산군〉 조에 12성, 경주에 2성이 나오고 있지만 현재 이곳을 본관으로 한 일본계 귀화 성씨는 자취를 감추고 임진왜란 때 귀화한 김씨 한 집안뿐인 것을 생각하면 다른 성씨에 흡수되었을 것이므로 실제로 귀화인 후손은 훨씬 많다고 할 수 있다.

임진왜란과 명·청 교체기에 망명해 온 성씨는 26성 55본관에 이르러 중국의 국내 사정이 한반도에 미치는 파장을 살필 수 있는 좋은 자료다.

본관은 고려 초기 중국의 군별로 명망 있는 군망(郡望) 성씨 제도를 본받아 분정(分定)했다는 학계의 추론이 있는 터이나, 경주 본관 87성씨, 진주 본관 80성씨, 전주 본관 75성씨 등 큰 고을은 후대에 모칭했다 치더라도 신라 때 중국 왕래 항구로 썼다는 남양(南陽) 본관이 38성에 이르는 것을 보면 역시 신라시대에 중국 출입 항구였던 남양이 중국인 유입지로 이용되었음을 느끼게 한다.

물론 밀양 본관 67성, 해주 본관 62성, 나주 본관 55성, 김해 본관 43성, 창원 본관 35성, 연안 본관 32성, 개성 본관 38성, 강릉 본관 37성 등 포구에 가깝고 외국 교류가 잦았던 곳을 본관으로 하는 성씨가 많다는 점도 연구의 대상이 됨직한 현상이다. 특히 중국의 성은 초기에 땅 이름이 성으로 쓰인 점에 착안해 그 지역 족속들이 중국 역대 국가의 성쇠에 따라 이동을 거듭해 오늘날 중국 소수민족 집단을 이루고 있음을 추적하는 소수민족사 연구가 활발하므로 같은 방법으로 한반도 유입 씨족과 족단의 성격 규명도 가능하다. 그 뿐만 아니라 신라 건국 주류가 흉노 및 월씨(月氏)국 계열이었다는 주장이나 절강성 일대의 월족과 백족계의 한반도 유입설 등이 있으므로 한민족 민족의 원류도 씨족의 유입선을 따라 추적할 수 있다. 마한의 중심 부족 국가가 목지국(目

支國)이냐, 월지국(月支國)이냐의 시비를 가릴 수 있는 자료로 이용할 수도 있다.

역사 기록에 나타나는 귀화 외국인에 대한 국가 시책이나 동화정책을 오늘날 외국 노동자들에 대한 정착 자료로 참고할 만한 대목도 많다. 아울러 국민들에게도 귀화 국민이나 외국노동자들을 배려하는 데 도움을 줄 수 있는 귀화 성씨 통계로 이용함직하다.

4. 문헌에 나타난 귀화

※ 아래 본문에서 《문헌비고》는 《증보문헌비고》, 《여지승람》은 《신증동국여지
승람》, 《실록》은 《세종실록지리지》이다.

(1) 상고시대 귀화 성씨

1) 청주(淸州) 한씨(韓氏)

위(魏)나라 어환이란 사람이 쓴 위나라 정사인 《위략(魏略)》에는
"기자의 후손으로 우평(友評), 우량(友諒), 우친(友親)의 세 사람이 있
었다. 우량이 마한(馬韓)의 뒤를 이어 상당(上党) 한씨(韓氏)가 되었
다"고 하였다. 《문헌비고》에서는 "청주 한씨는 고려 태조 개국공신 한
란(韓蘭)이 시조로, 상당은 청주의 옛 이름이다"고 하였다. 《위략》이란
책은 《한서》가 자주 그 대목을 인용해 썼을 뿐 현존하지 않는다. 《위
략》에 써 있다는 이 대목도 실제로는 《한서》의 기록이다. 물론 한국 사
학자들은 이런 여러 정황 때문에 기자의 동래를 인정하지 않는다.

《덕양 기씨보》에는 마한 마지막 왕의 세 왕자인 우평(友評), 우성(友誠), 우량(友諒)이 백제에게 망할 때 첫째 왕자 우평은 고구려에 망명해 북원(北原) 선우씨가 되고, 둘째는 백제에 항복해 덕양 기(奇)씨가 되었으며, 막내는 신라에 투항해 석탈해왕 때 상당 한씨가 되었다고 하였다. 물론 한씨들도 시조 한란이 기자의 후손이라고 적고 있다.

한국 12위의 대성인 한씨는 16본관, 21만 8821가구, 70만 4365명이다. 그 가운데 청주 한씨가 가장 많은 19만 9642가구, 64만 2992명이다.

주나라 성왕은 BC 1103년 그의 아우 숙우에게 연나라 군사들이 축성한 성을 하사해 한후(韓候)로 삼았다. 중국의 한씨는 이 한후를 시조로 한다. 한후는 이때 《시경(詩經)》〈한혁〉편의 72행 시를 읊었다고 한다. 이 성은 무왕의 동생이며 숙우의 숙부인 연(燕)나라 소공(김公)의 군사들이 쌓은 것이다. 숙우의 후손들은 진(晉)나라를 세웠으나 BC 376년에 같은 족계로 말하는 한(韓)나라와 조(趙)나라에게 망했다.

사마천은 또 다른 가계로 진나라를 차지한 한무자(韓武子, BC 424~409)를 한씨 시조라고 말했다. 그의 이름은 만(滿)이다. 김성호 씨는 《씨성으로 본 한일 민족의 기원》 65쪽에서 BC 230년에 망한 한(韓)나라의 시조 환숙(桓叔)이 단군신화 가운데 환웅(桓雄)이고 한만(韓滿)이 마한의 준왕(準王) 선조라는 주장을 했다. 이들은 예맥(濊貊)계이며 요동 지방에 있던 기자조선을 BC 810년에 병합했다는 것이다. 그리고 그는 기자의 조선 동래는 《한서》에서 시작된 거짓말이고 중국 기록을 이승휴가 《제왕운기》에 그대로 인용했다고 덧붙이고 있다. 김씨는 맥족의 토템이 곰이고 김정학 교수도 같은 견해를 밝히고 있다고 쓰고 있다.

재야 금문학자 김재섭 씨는 한(韓)의 개념은 이미 중국 5제의 한 분인 순임금에서 비롯된 것이라고 주장하고 있다. 예(濊)족은 쇠를 다루는 족속이며, 맥(貊)은 불가사리로 쇠를 먹는 곰 같이 생긴 짐승이므로 예족과 같은 집안이라고 주장하고 있어 참고할 필요가 있다. 북방을 상징하는 현무(玄武)는 우리말로 '검'이며 검은 세 발 달린 자라로 곰을 이르는 웅(熊)자와 같이 쓴다. 물론 옛날 자라라는 글자는 '내'로 읽어 곰 웅자보다 밑에 점이 하나 없었다. 바른 판단은 후학들의 연구를 기대할 뿐이다.

 • 청주 한씨 : 642,292명   ※ 한씨 총계 : 704,365명

2) 행주 기(奇)씨

《문헌비고》 제46권 〈제계고(帝系考)〉 7 부록 씨족조에 '마한' 항목이 있으며, 다음과 같이 기(奇)씨 설명이 나온다. "기씨는 마한 말기에 자손 세 사람 가운데 평(平)이라고 하는 사람이 기씨가 되었다. 기자조선의 마지막 마한왕 기준(箕準)이 한나라 땅에 도망가 살면서 한왕(韓王)이라 이름하였다."

《덕양 기씨보》에, "마한의 원왕(元王)에게 세 아들이 있었는데 나라가 망하니 우성(友誠)은 백제에게 항복, 온조왕을 섬겨 덕양 기씨가 되었다"고 했다. 《문헌비고》 부록 씨족 6 〈기씨〉 항목에 보면 행주 기(奇)씨가 나온다. "시조 기우성(奇友誠)은 기자의 48세손이다"고 하였다. 기자를 중국 은나라 후예로 본다면 기씨는 마한 때 귀화한 성씨라 하겠다.

 • 행주 기씨 : 21,536명   ※ 기씨 총계 : 24,385명

3) 태원 선우(鮮于)씨

《문헌비고》 씨족 총설편 '마한' 항목에 마한왕의 셋째 아들 양(諒)이 용강의 오석산으로 들어갔으며 그 후예가 선우씨가 되었다 했다.

《덕양 기씨보》에는 첫 아들 우평(友平)이 고구려로 달아나 유리왕을 섬겨 북원(北原) 선우씨가 되었다 했다.

이 집안 족보에는 한국 시조가 고려 고종(1213~1259) 때 사람 선우 정(靖)이라 했다. 조선왕조 선조 때 학자 윤근수(尹根壽)는, "평안도에 선우라는 성이 있는데 기자의 후예라 한다"고 했다. 일찍이 《씨족대 전》에는, "기자는 조선에 봉하고 작은 아들을 우(于) 땅에 봉해 그 후 예가 선우씨가 되었다 했는데 청주 한씨와 선우씨도 다같이 마한 기준 의 후예라 함은 알지 못하겠다"고 했다.

• 태원 선우씨 : 3,500명

4) 서(徐)와 여(余)씨

《문헌비고》부록 씨족편 총설에 단군조선이 나오고 이 항목에서 여 수기(余守己)가 예국(濊國)의 군장이 되어 아홉 아들이 모든 군(郡)을 나누어 맡았는데, 백성들에게 공이 있었다. 그래서 여(余)자 옆에 사람 인(人)자가 겹친 '중인 변〔彳〕'을 붙여 서(徐)씨 성을 내려 주었다고 설 명하고 있다. 각론편 서(徐)씨 항목에서는, "기자의 40세손 기준이 난 (위만)을 피하여 이천(利川)의 서아성(徐阿城)에 살았으므로 그 후손 들이 성씨를 서(徐)씨라 했다. 일설에는 백제가 망하고 태자 부여 융 (隆)이 당나라에 들어가니 당나라에서 여(餘)성을 서(徐)로 고쳤다고 하였으나 증거가 없다"고 세 가지 설을 소개하고 있다. 이 책에서는 달 성(達成, 대구), 장성(長城), 연산(連山), 남평(南平), 부여(扶餘), 평 당(平當), 봉성(峯城) 본관의 서씨는 모두 이천(利川) 서씨에서 나왔다 했다.

중국의 서씨는 주나라 목왕(穆王, BC 1001~947) 때 황해 연안 36국 을 거느렸던 서언왕(徐偃王)의 후손이란 설과 백익(伯益)의 아들 약목

(若木)이 산동성 서(徐) 땅의 제후가 된 뒤 그 후손들이 성으로 썼다는 두 설이 있는 바 이 성씨들은 모두 동이족계이다.

다만 한국의 여(余)씨들은 진(秦)나라 유여(由余)의 후손으로, 이름을 성자로 쓴 성씨라고 주장하고 있으며 송나라 때 간관을 지내던 여선재(余善才)가 고려에 와서 의령에 살았다고 연원을 대고 있다. 이 성씨는 《여지승람》에 네 고을의 성씨로 나오고 있다.

- 달성 서씨 : 429,353명
- 대구 서씨 : 32,751명
- 부여 서씨 : 14,312명
- 연산 서씨 : 6,416명
- 이천 서씨 : 172,072명
- 장성 서씨 : 4,832명
- 남평 서씨 : 2,617명
- 나주 서씨 : 2,617명
- 평당 서씨 : 237명
- 의령 여씨 : 18,146명
- ※ 서씨 총계 : 693,954명

국내 서씨 가운데 귀화 시기를 달리하는 또 다른 두 성관이 있다.

5) 남양 서(徐)씨

귀화 시조는 서간(徐趕)으로 당나라 8학사로 신라 당성(唐城)에 왔다가 귀화했다고 주장한다. 이 때문에 남양과 당성의 두 본관을 쓴다.

- 남양 서씨 : 2,246명
- 당성 서씨 : 4,978명

6) 절강 서(徐)씨

귀화 시조가 중국 절강성 출신 서학(徐鶴)으로 정유재란 때 명나라 도총관으로 와서 경북 성주에 정착했다고 한다.

- 절강 서씨 : 623명

7) 신라 김(金)씨와 가락 김(金)씨

앞서 〈무열왕릉비〉에서 밝혔듯이 신라 알지계 김씨와 가락 김씨는 중국 귀화인일 가능성이 높다. 신라왕계마저도 《삼국사기》를 지은 김부식은 〈신라본기〉 경순왕 항목 끝부분에서 박씨, 석씨, 김씨의 탄생 설화는 믿을 것이 못 된다고 논하고, 자신이 이자량(李資良)과 더불어 중국에 가서 해동의 시주(始主)를 낳은 선도산의 지선(地仙)을 모신 우신관(祐神館)에서 본 여신상 얘기를 적고 있다. 그는 해동의 시주를 박혁거세로 단정 짓지는 않았지만 문맥으로 보아 신라왕조와 관련 짓고 있다. 그는 중국 관반학사 왕보가 이르기를, "중국 제실(帝室)의 딸로 남편을 얻지 않고 아이를 잉태하였으므로 사람들의 의심하는 바 되어 바다에 띄워 보냈다. 그 부인이 진한(辰韓)의 땅에 이르러 아들을 낳고 그 아들이 해동의 시주가 되었으며 제녀(帝女)는 죽어 드디어 귀국의 신이 되었다"고 적고 있다.

이 대목은 조선 숙종 대에 이조판서를 지낸 임상덕(林象德)에 이르러 "김부식도 혁거세의 어머니가 중국의 제녀라 했다"고 못 박으면서 "용이니 알이니 따위 그릇된 견해는 전해서는 안 된다" 했다고 《문헌비고》는 밝히고 있다. 조선왕조 정조 때 실학자로 《동사강목》을 지은 안정복(安鼎福)은, "삼국의 시조 설화는 그 자취를 빛나게 한 것으로 이 같은 것은 전하여 믿게 할 수 없다"고 했다. 다만 《문헌비고》를 증보한 이만운은, "이 같은 황당한 사적과 고기(古記)는 동서양 만국의 역사에 있는 것이니 그대로 두어 고적을 삼는 것이 가하다"고 덧붙이고 있다.

이처럼 조선시대에 이미 박, 석, 김이나 주몽, 김수로의 설화는 사실성이 부족하다고 논쟁의 대상이 되어 왔었다. 근래 진주 소(蘇)씨들은 유리왕 때 최(崔)씨 성을 주었다는 사량부(沙梁部)를 본디 중국에서 건너온 소벌(蘇伐)이 살던 곳으로 소씨의 정착지라고 주장하고 나섰다.

만일 역사 기록처럼 진한 사람들이 중국 진(秦)나라 사람들이고 김수로의 부인마저 한반도 밖에서 시집온 외래인이라고 본다면 2000년 인구통계에서 김씨가 전 인구의 21.6%이고 박씨가 8.5%이므로 역사 기록에 나타나는 귀화인들의 후손을 합할 경우 한민족의 절반이 외래 씨족이 된다고 한 점은 앞에서도 언급했다.

《삼국사기》 들목인 〈본기 제1〉 시조 혁거세 항목 두 번째 문장에 "이보다 먼저 조선의 유민(遺民)들은 이곳에 와서 산곡간에 헤어져 여섯 마을을 이루고 살았다"고 적고 있다. 다시 박혁거세 38년 항목에 보면, "…… 중국 사람들은 진나라의 난리 때 괴로움을 피하여 동쪽으로 망명한 사람이 많았다. 그들은 마한 동쪽에 많이 자리를 잡고 진한 사람과 섞여 살면서 이때 극성하였으므로 마한에서 이를 꺼려 책망한 것이다"라는 대목이 있다. 이 기록대로라면 고조선은 한반도 밖에 있던 나라이므로 신라 6촌에 이주해 와서 살았다는 말이 되고 이 6촌 사람들 가운데 중국 진나라 망명객이 많아 마한왕이 걱정했다는 것이다.

이런 실상을 깊이 모르는 일부 국민들과 법 제도가 근래 한반도에 건너와 품 파는 외국 노동자들을 차별하는 것은 국제화의 물결에도 맞지 않을 뿐 아니라 과잉 민족주의 국가라는 비난을 받게 한다.

• 김해 김씨 : 4,124,934명	• 인천 이씨 : 68,628명
• 김해 허씨 : 300,448명	• 의성 김씨 : 253,309명
• 경주 김씨 : 1,736,798명	• 안동 권씨 : 629,291명
• 강릉 김씨 : 165,963명	• 강진 김씨 : 25,580명
• 광주 김씨 : 858,934명	• 상주 김씨 : 13,627명
• 나주 김씨 : 46,420명	• 금녕 김씨 : 513,015명
• 상주 김씨 : 13,627명	• 선산 김씨 : 107,682명
• 순천 김씨 : 52,258명	• 수원 김씨 : 16,009명
• 안동 김씨 : 472,966명	• 언양 김씨 : 38,383명

· 울산 김씨 : 36,225명   ※ 총계 : 4,494,010명

8) 기자(箕子)를 따라온 씨족 성씨

상고시대에 기자를 따라 조선에 와서 한국인의 선조가 되었다는 주장을 펴는 성씨는 다음과 같다.

① 함열 남궁(南宮)씨

현존 씨족의 시조는 고려 성종 때의 '남궁 원청(元淸)'이라 하면서도 먼 선조는 기자를 따라 중국에서 건너온 '남궁 수(脩)'라고 한다. 《실록》에 3개 고을 토성으로 나온다.

· 인구 : 18,743명

② 태인 경(景)씨

본디 중국 진양에 살던 초(楚)나라 명족인데 기자를 따라 평양에 온 '경여송(景汝松)'이 먼 선조다. 《실록》에 5개 고을에 나온다.

· 인구 : 4,639명

③ 봉화 금(琴)씨

본디 중국 천수 지방에 살던 공자의 제자 금뇌(琴牢)를 시조로 하는 씨족으로 금응(琴應)이 기자를 따라왔다. 《실록》에 봉화 본관의 금씨이며 김포현 하사성으로 나온다.

· 인구 : 23,489명

④ 충주 강(强)씨

중국 감숙성 천수의 강순(强循) 후손으로 기자를 따라 귀화했다는

것이다. 북송(北宋) 휘종(1101~1126) 때 사람 강준명(强俊明)이 귀화 시조라는 설도 있다. 《실록》에 괴산군 속성(續姓)이다.

- 인구 : 1,620명

⑤ 밀양 노(魯)씨

중국 노나라 사람 노계(魯啓)가 기자를 따라와 강화도에 정착했다고 한다. 중국의 노씨는 당나라 때 기산과 부풍(扶風)의 명족이었다. 국내에 9본이 있는데 모두 같은 후손이라 한다.

- 밀양 노씨 : 1,268명   · 함평 노씨 : 25,408명
- 강호 노씨 : 13,499명   ※ 노씨 총계 : 9본, 67,032명

⑥ 토산 궁(弓)씨

중국 은나라 사람으로 기자와 함께 한반도에 와 황해도 토산에 정착했다고 주장한다. 《실록》에는 평북 순천(順天)군의 성씨이다.

- 인구 : 562명

⑦ 문화 류(柳)씨

《문헌비고》에 류씨의 연원이 자세히 나온다. 하(夏)나라 우량의 13세손 공갑왕(BC 1879~1850)의 동생 조명(朝明)이 유루(劉婁)와 더불어 평양에 와 살았다. 조명의 후손 가운데 수긍(受兢)이 있었다. 기자가 평양에 와서 교화할 때 수긍이 백성의 교화에 공을 세워 왕씨 성을 얻었다. 그의 57세손 왕염(王廉)은 기준(箕準)왕 때 주국이 되었고 그의 13세 왕몽(王蒙)이 신라에 살 때 "초가집에서 왕이 나온다"는 참언이 돌아 왕(王)자 성을 가진 왕몽이 두려워 아들과 함께 지리산에 숨어 차(車)씨라 했다. 고려 왕건 태조는 왕몽의 셋째 아들 왕식시의

후손이다.

차신을(車神乙, 王琳)의 15세손 차건갑(車建甲)은 신라 미추왕 때 승상이었고 그의 아들 차승색(車承穡)과 손자 차공숙(恭淑)이 역모 사건으로 류(柳)씨로 변성해 문화현에 살아 문화 류씨의 시조가 되었다. 그의 후손이 고려 때 류차달(柳車達)이라 사명을 받았다. 큰아들 류효전(柳孝全)은 연안 차(車)씨가 되었다. 선산(善山), 서산(瑞山), 전주(全州), 진주(晉州) 본관은 문화에서 갈렸다. 풍산(豊山)도 같은 주장이다.

기자에 연관 짓는 성씨들은 기자의 평양 도래설에 시비가 있는 터이므로 역사적 사실로 받아들이기는 곤란하다.

다만 정말로 앞서 기자를 따라왔다는 여섯 성씨와 문화 류씨를 귀화 중국인으로 볼 때 그들이 처음에 와 살았다는 곳이나 본관지 및 당시 중국의 주요 성망지(姓望地)를 살펴볼 필요는 있다.

중국의 류(柳)씨는 주나라 때 산동에 있던 노(魯)나라 전금(展禽)이 류(柳) 땅에 봉해져 류하혜(柳下惠)가 된 데서 비롯되었다. 뒤에 이 집안은 산서성 해(解) 땅으로 갔다가 진(秦)나라 때 산서성 하동(河東)군으로 옮겨 당(唐) 대에는 하동과 포주(蒲州)의 망성(望姓)이었다. 후주(後周)와 남제(南齊), 양(梁)나라 때 많은 인물을 배출했다. 《문헌통고》에는 고려 선비의 족망(族望) 4성 가운데 첫째로 류씨가 올랐으며 최, 김, 이가 그 뒤를 이었다.

- 문화 류씨 : 284,083명
- 연안 차씨 : 161,325명
- 서산 류씨 : 14,827명
- 선산 류씨 : 3,373명
- 전주 류씨 : 61,650명
- 진주 류씨 : 60,104명
- 풍산 류씨 : 13,341명
- ※ 류씨 총계 : 603,084명

⑧ 전(全)씨

이 성씨는 남한 21위의 성씨로 1천 명 이상의 본관만도 28관(貫)에 이른다. 가장 많은 집안이 정선 전씨로 141,380명이고 천안 본관이 133,074명으로 쌍벽을 이룬다. 두 집안 모두 시조를 백제 때 사람 전섭(全聶)에 대고 있다. 정선 전씨 집안의 시조는 백제 때 전섭의 8세인 선(恒)이고 천안 전씨는 고려 태조에 협력한 낙(樂)으로 삼고 있다.

앞서 소개한 문화 류씨의 귀화가 사실이라면 백제 전섭은 왕몽이 지리산에 숨어 그 자식들의 성을 차(車)와 전(全)으로 바꿨으므로 기자 이전에 들어온 하나라 우왕의 후손인 셈이다. 일설에는 우왕의 후손 덕린(德麟)이 평양에 와 살았다고 주장한다. 우왕은 황제계 고신(高辛)의 넷째 아들이다.

중국 전씨에 대한 내력은 분명치 않지만 전씨는 당나라 때 변주(汴州)의 진유(陳留) 성망(姓望)에 나온다. 역사 인물로 비교적 빠른 시대인 오(吳)나라 때 전당(錢塘) 사람 전유(全柔)와 전서(全緒)가 있었다. 왕비도 냈던 집안으로 명망이 있었던 셈이다. 굳이 백제 전씨와 연관 짓는다면 이 집안이라 하겠다.

• 인구 : 493,419명

⑨ 평양 조(趙)씨, 백천 조(趙)씨

고려 말 정당문학 벼슬을 지낸 이곡(李穀, 1298~1351)은 중국을 왕래한 뒤 이제현(李齊賢)과 함께 《편년강목(編年綱目)》을 증수한 인물이다. 《문헌비고》에는 이곡이 이르기를, "평양 조씨의 선대는 본래 은나라 사람이었는데 기자를 따라 우리나라로 왔다"고 기록하고 있다.

중국의 조(趙)씨 성은 주나라 목종(BC 1001~947)이 서언왕(徐偃王)을 칠 때 공을 세운 조부(造父)를 산서성에 있던 조성(趙城)에 봉한

152

뒤 그 후손들의 성이 되었다. 그러므로 기자를 따라 온 사람이라면 조씨가 될 수 없다.

중국 조씨는 당나라 때 감숙성 천수(天水)와 남양(南陽)의 명망 성씨였으며, 조광윤이 뒤에 송나라를 세웠다. 이곡의 글이 잘못되었다 하더라도 백천(白川) 조씨는 시조 조지린(趙之遴)이 송나라 태조의 손자로 난을 만나 우리나라 은천에 와서 살다가 고려조에 입사했다고 《문헌비고》에 소개되어 있다. 송 태조 조광윤은 후주(後周) 사람으로 960년 나라를 세우고 아들인 태종 때 통일을 이뤄냈다. 조씨들은 고려에 온 것이 978년 경종 4년으로 정리하고 있으므로 왕위 다툼이 아니었다면 건너올 이유가 없다. 임천(林川) 본관의 조씨 선조도 백천 조씨와 같은 때 조광윤의 넷째 아들 덕방(德芳)의 후손 조천혁(趙天赫)이 건너왔다 했고 옥천(玉川) 조씨도 중국에서 온 집안이라고 주장하고 있다. 함안(咸安) 조씨와 태원(太原) 조씨도 마찬가지다. 함안 조씨들은 시조 조정(趙鼎)이 신라 말엽 안동 장씨 시조가 된 장정필[張貞弼, 일명 장길(張吉)]과 함께 건너와 고려 개국에 공을 세웠다고 정리하고 있다.

- 평양 조씨 : 41,047명
- 옥천 조씨 : 49,847명
- 임천 조씨 : 11,040명
- 백천 조씨 : 66,155명
- 함안 조씨 : 259,196명

(2) 삼국 이전 귀화 성씨

1) 고성 이(李)씨

한(漢) 무제가 BC 108년에 위만을 정벌할 때 같이 왔던 한나라 사람 이황(李璜)이 귀화했다고 주장한다. 《문헌비고》에는, "이 집안의 《이씨 추원록(追遠錄)》에 이황은 한 무제 때 이반(李槃)의 24세손인데 그 일이 오래되어 상고할 수 없다"고 했다.

- 인구 : 84,383명

2) 금성 나(羅)씨

중국 신화시대 축융의 후손이 나국(羅國) 제후가 되어 중국 나(羅)씨 성이 되었다. 한국 금성 나씨들은 중국 한 고조(高祖, BC 206~196) 때 나주에 건너왔다고 정리하고 있다. 《문헌비고》에는 시조를 나총례(羅聰禮)라 했다. 다만 나주 나씨는 중국 백익의 후손이 먹라수 가에 있던 의성(宜城) 땅 제후가 된 뒤 후손들이 나성을 쓰고 강서성 예장군에서 살았는데, 그 후손 나부(羅富)가 송나라가 망할 때 고려에 건너왔다고 한다.

금성 나씨들은 나주 나씨 시조와 같은 이름을 금성 나씨 7세로 정리하고 있다. 나주 나씨들은 1975년 중국 예장 나씨 광동파 족보에서 나부를 찾아내고 이 집안이란 주장을 내놓기도 했다.

- 금성 나씨 : 40,493명   • 군위(금성계) : 786명
- 나주 나씨 : 108,139명   • 비안(나주계) : 418명
- ※ 나주 15본 총계 : 172,020명

3) 울진 장(張)씨

전한(前漢, BC 206~AD 24) 때 사람 장건의 후예 천익(天翼)이 귀화했다.

중국의 장(張)씨는 소호 김천씨 다섯째 아들로 궁정(弓正) 벼슬을 한 휘(揮)를 시조로 한다. 이 씨족은 주로 절강성을 중심으로 퍼져 주(朱), 육(陸), 고(顧)와 함께 오국(吳國) 4족(族)이라 일컬었다. 오늘

154

날도 중국에서 이(李), 왕(王)씨와 함께 3대성에 든다. 한국의 장씨는 9위로 전 국민의 2%이며 100명 이상의 본관만 31본에 이른다. 이 때문에 그 연원이 복잡할 수밖에 없다.

• 울진 장씨 : 20,791명　　　 ※ 장씨 총 인구 : 919,339명

4) 진주 소(蘇)씨

《문헌비고》는 〈소씨〉 편에 중국의 소씨는 축융씨의 후예로 주나라 때 사구 벼슬을 맡은 소분생(蘇忿生)의 후손이란 글만 적고 진주 소씨의 시조는 소무숭(蘇茂崇)이라 했다.

한국의 소씨들은 시조를 소경(蘇慶)이라 하고 경주에서 진주로 옮긴 것은 660년이라고 정리하고 있다. 소씨들은 진한을 세운 이는 경주 소벌에 살던 소백손(蘇白孫)과 신유(申有), 진기(陳岐)라고 적고 있다. 이런 주장이 언제부터 시작되었는지 알 수 없다. 이것이 사실이라면 박혁거세와 김알지보다 앞선 토박이이며 상고시대 도래 씨족이라 할 수 있다.

당나라 때 중국 소씨는 관서 지방인 무공(武功)과 기산의 명족이었다.

• 인구 : 39,552명

(3) 삼국시대 귀화 성씨

한반도에 3국이 정립해 있던 시절 중국은 진(晉, 265~316)나라를 거쳐 5호 16국이 서로 싸웠고 420년대 이후에는 남쪽에 송(宋), 제(齊), 양(梁), 진(陳) 북쪽에 위(魏), 북주(北周)가 경쟁하는 혼란이

거듭되었다. 581년 수나라가 통일을 이뤘으나 38년 만에 당에 망하고 그 기간 고구려는 수, 당과 싸움을 거듭하고 당의 원병으로 통일신라가 수립되었다. 신라 통일 뒤 당과의 교류가 귀화에 큰 영향을 주었던 기록들이 보인다.

1) 성주 도(都)씨

《문헌비고》에는 시조 도미(都彌)가 고구려로 도망했다고 기록하고 있다. 후손 도진(都陳)이 고려에서 성산부원군이 되었다. 물론 이 집안은 칠곡의 팔거에 본관을 둔 팔거 도씨들이다. 성주 본관 도씨들은 시조, 도시조가 전한 성제(成帝, BC 37~7) 때 고구려에 왔다고 정리하고 있다.

• 인구 : 52,349명

2) 황(黃)씨

중국의 황씨는 전욱 고양씨의 후손 육종(陸終)이 하남성 황(黃) 지역 제후가 되어 성이 되었다는 연원을 갖고 있다. 당나라 때 산동성 복양의 명족이었다.

한나라 광무제 건무 4년(AD 28) 한나라 유신 '황락(黃洛)'이 월남에 사신으로 가다가 신라 땅 울진군 평해읍 월송리에 표류해 정착했다. 세 아들이 각각 평해, 장수, 창원 본관의 시조가 되었다.

회덕 황씨는 그들 족보에 황락원이 원나라 벼슬아치였으나 신라에 유배되었다 하는데 원나라는 신라 때 없었으므로 와전이다. 이 내용은 《문헌비고》에 있다. 또 이 책에는 창원 황씨의 또 다른 시조는 원나라 사람 황석기(黃石奇)로 공민왕 때 노국공주를 배종하고 와서 회산부원군이 되었다고 덧붙이고 있다. 이 같은 주장은 이미 이의현의 《도곡집》에도 나와 있다.

- 평해 황씨 : 137,150명
- 장수 황씨 : 146,575명
- 창원 황씨 : 252,814명
- 회덕 황씨 : 7,393명
- ※ 황씨 총계 : 644,294명

3) 진주 강(姜)씨

598년 수 양제가 고구려를 칠 때 수행한 수나라 장수가 강씨 시조인 강이식(姜以式)이라는 설과, 거꾸로 고구려 장수로 수나라를 격퇴하는 데 큰 공을 세운 사람이라는 두 설이 《문헌비고》에 있다.

수나라는 네 차례에 걸쳐 고구려를 치다가 힘에 겨워 618년 결국 당나라 이연(李淵)에게 망했으므로, 명·청 교체기에 명나라 사람들이 망명했듯이, 망명한 수나라 사람일 가능성이 있다. 물론 이 집안에서는 612년 전쟁에서 공을 세운 고구려 병마절도사라 한다.

중국의 강씨는 본디 신농씨 어머니가 기산 지방 강수 곁에 살아 어머니 성을 갖게 됨에 따라 그 후손들이 강(姜)을 성으로 했다는 연원을 갖고 있다. 역시 당나라 때 천수(天水)군의 명망 성족이었다.

고려 현종 때 익대공신이 된 강민첨(姜民瞻)이 상주국천수현개국남으로 추증되었다는 기록을 보면 중국 천수 땅에 살던 강씨와 관련이 있을 것으로 보인다.

강씨 가운데 원나라 귀화 성인 제주 강(姜)씨, 월남 귀화 성인 제주 운남(雲南) 강씨, 여진족 귀화 성인 갑산 강씨가 《여지승람》에 나온다. 오늘날 운남 본관은 없어졌다.

- 진주 강씨 : 966,710명
- 제주 강씨 : 4,798명
- 금천 강씨 : 2,064명
- ※ 강씨 총계 : 1,044,386명(전국 6위)

4) 진도 김(金)씨

《문헌비고》에는 진도 김씨 시조가 김자경(金自敬)이란 사실과 김천손, 김혁여 두 사람이 각각 다른 파를 이뤘다고 쓰여 있다. 그런데 1955년 진도 김씨들이 낸 족보를 보면 한(漢)나라 사람 김국빈(金國儐)이 진도 죽포에 들어와 정착했다고 쓰고 있다. 만일 한나라 사람이었다면 진(晉)나라에 망한 265년 이전이라 할 것이다. 국빈의 23세손이 경호(敬浩)로 왕건 태조에 협력해 옥주후(沃州候)라는 작위를 받았다고는 하나 진도의 별호를 옥주라 한 것은 태조 이후의 일이므로 믿을 수 없다. 다만 고려 때 진도의 토성으로 김씨가 있었다.

 • 인구 : 442가구, 1,464명

5) 무송 유(庾)씨

중국의 고대 창고지기 유장(庾掌)의 후손 성으로 진(晉, 265~418)나라 때 번성하기 시작했고 당(唐)대에 하남의 영천, 산동의 북해 지방 명망 성씨였다. 백제는 372년 동진과 조공사신을 교환한 기록이 있다. 무송 유씨들은 진나라 때 유순유(庾筍悠)가 진나라 사신으로 와 한반도에 정착했다고 한다. 그 후손 유금필(庾黔弼)이 고려 태조를 도와 공신이 되었다. 이 때문인지 전북과 전남 지방 토성에 유씨가 많다.

 • 인구 : 12,463명   ※ 합계 : 16,802명

6) 안동(일직) 손(孫)씨

송나라 말기(479년 무렵) 중국 오군(吳郡) 사람 순응(荀凝)이 신라에 왔다. 고려 현종(1009~1031) 때 왕의 이름을 피하기 위해 순을 손(孫)으로 바꿨다.

 • 인구 : 24,187명

(4) 통일신라시대 귀화 성씨

1) 연안 이(李)씨

660년 나·당 연합군의 일원으로 신라에 온 당나라 중랑장 이무(李茂)가 신라에 정착했다(《문헌비고》).

• 인구 : 145,440명

2) 평해 구(丘)씨

663년 당나라 장군 구대림(丘大林)이 일본으로 가다가 울진군 평해에 표착해 미포에서 살았다. 고려 공민왕 때 홍건적 토벌에 공을 세운 구의혁(宜赫)을 1대조로 한다. 《문헌비고》는 "제나라 태공이 영구의 제후에 봉해져 그 후손이 구씨 성을 가졌다"고 쓰고 있다. 산동성에 살던 동이족 후예이다.

• 인구 : 13,241명

3) 풍기 진(秦)씨

중국 진씨는 백익의 후손으로 비자(非子)가 진(秦) 땅을 받아 그 후손들의 성이 되었다. 진시황 집안이라고도 한다.

《문헌비고》에는 나당 연합군으로 백제 평정에 참가한 당나라 산서성 태원(太原) 사람 진필명(秦弼明)이 풍기에 머물러 시조가 되었다고 적고 있다. 《문헌비고》에는 이 집안 이외에 대원(大元) 진씨와 같은 몽고 성씨인 제주 진씨를 덧붙이고 있다.

• 인구 : 11,046명

4) 광산 노(盧)씨

주나라 무왕의 동생 주공단의 아들 백금이 산동 지방 노(魯) 땅의 제후로 봉해진 뒤 그 후손들이 제후 땅 이름을 성으로 삼았다. 한나라 때 노관(盧綰)이 개국에 공훈을 세운 뒤 흉노 땅으로 도망가는 난리를 겪었으나, 당나라 때까지 산동 지방에 많은 노씨가 살아 계속 이곳의 거족이었고, 남경 중심의 관중 지방에서 범양(范陽) 노씨는 북위시대 5대 명문 가운데 한 집안이다.

한국의 노씨들은 신라 경덕왕 4년인 755년 '안녹산(705~757)의 난'을 피해 노수(盧穗)라는 사람이 아들 9형제를 데리고 전라도 광주로 들어왔다고 주장한다. 이것은 근래 노씨들의 주장이고 《문헌비고》에는 4명의 아들을 적고 있다. 노씨 가운데 일본에서 귀화한 괴산 노씨와 원나라 때 들어왔다는 대원(大元) 노씨의 기록도 있다.

1962년 한국의 노씨들은 노씨 구문(九門)들을 모아 구원회(九源會)를 조직하고 광주 오치동 삼각산 중턱에 시조단과 구원제를 만들어 해마다 3월 15일에 제사하고 있다.

- 광주 노씨 : 76,929명   · 교하 노씨 : 53,203명
- 풍원 노씨 : 39,397명   · 장연 노씨 : 8,394명
- ※ 노씨 총 인구 : 220,354명

5) 영월 엄(嚴)씨

《문헌비고》에 이르기를 당나라 현종(712~756) 때 신(辛)시랑〔영주 신(辛)씨의 시조〕과 함께 사신으로 신라 파락사 상사로 들어온 엄임의(嚴林義)가 신라 영월에 정착했다고 그들 족보에 기록되어 있다고 했다. 엄씨는 초(楚)나라 장왕(蔣王)의 후손으로 당나라 때 섬서성 화음 지방 명족이었다.

• 인구 : 124,697명

6) 수원 백(白)씨

《문헌비고》에 백씨가 중국에서 왔다는 기록은 없다. 다만 중국의 백씨는 황제의 후손이라는 짧은 설명이 총설편에 있다. 괴산(槐山) 백씨는 일본 투화인(投化人)이란 내용도 있다. 이 내용은《여지승람》에도 있다.

이 집안 족보는 황제의 후손이 어떻게 한반도에 왔는가를 정리해 놓고 있다. 황제의 후손 백우경(白宇經)이 소주에서 태어나 이부상서가 되었으나 모함을 받자, 780년 신라에 와서 월성군에 살았다고 되어 있다. 당나라 때 백씨는 감숙성 남양군의 명망족이었다.

• 인구 : 316,535명　　※백씨 총계 : 351,275명

7) 상주 주(周)씨

당나라 주이(周頤)가 신라 원성왕 2년(786년) 사신으로 신라에 와서 상주에 정착했다. 고려가 망하자 합천에 숨어 산 후손들이 합천을 본관으로 쓰기 시작했다.

• 상주 주씨 : 18,384명　　• 합천 주씨 : 6,665명

8) 의령 남(南)씨

786년(경덕왕 14) 중국 안휘성 봉양부에 살던 김충(金忠)이 일본으로 가다가 신라 영덕군에 표착해 남씨 성을 받고 살았다. 그 후손 3형제가 각각 영양, 의령, 고성으로 갈렸다. 오늘날 남씨 본관은 17본이다.

• 영양 남씨 : 69,155명　　• 의령 남씨 : 150,394명
• 고성 남씨 : 9,982명　　※ 남씨 총계 : 257,178명

9) 영천 황보(皇甫)씨

당나라 감숙성 안정군의 명망족이었던 황보 경(鏡)이 신라 말 영천에 정착했다. 고려 개국 때 왕건의 네 번째 왕비는 황보 제공의 딸이다.

• 인구 : 9,148명

10) 죽산 안(安)씨

신라 애장왕(800~809) 때인 807년 당나라 종실 이원(李瑗)이 개성에 정착, 나라에 공을 세워 안씨 성을 받았다. 후손들이 용인군의 죽산과 광주, 탐진 등의 본관으로 나뉘었다.

• 죽산 안씨 : 54,051명   • 광주 안씨 : 43,609명
• 순흥 안씨 : 468,827   • 탐진 안씨 : 23,609명
• 신죽산 안씨 : 7,661명   ※ 총계 : 637,786명

11) 압해 정(丁)씨

이 집안 족보는 시조 정덕성(丁德盛, 800~893)은 당나라 문종(827~840) 때 대승상이었으나 직간한 탓으로 미움을 사게 되자 두 아들과 함께 신라 문성왕(839~854) 때 지금의 목포 옆 압해도에 유배되었다고 정리하고 있다.

중국 정씨는 제나라 태공의 아들 여급(呂伋)의 후손들이다. 당나라 때 하남 조주 제음의 명족이었다. 당나라에서 신라에 유배를 보냈을 것 같지 않고 당시 해상을 누볐던 청해진 장보고 선단을 따라 왔을 가능성이 있다. 《문헌비고》에는 정씨 시조를 정윤종(丁允宗)이라 하고 고려 때 대승상 정덕성의 후손이라 하였다. 오늘날 한국 정씨들은 큰아들 집을 영광 정씨, 작은 아들 집을 나주 정씨, 손자 대에 창원파를 이뤘다고 정리하고 있다.

162

다만 《문헌비고》에는 〈창원 정씨〉 조에다 신라 때 대상(大相) 정광 순(丁光純)이 853년에 우리나라에 왔다고 쓰고 있다.

- 압해 정씨 : 3,335명
- 나주 정씨 : 82,863명
- 영광 정씨 : 32,203명
- 창원 정씨 : 16,141명
- ※ 13본 합계 : 187,975명

12) 안동 장(張)씨

《문헌비고》에는 시조 장길(張吉)이 중국 사람으로 신라 말에 왔다 고 적고 있다. 고려 때 김선평과 더불어 안동을 지키고 고려에 귀부해 태사가 되었다. 근래 안동 장씨들은 장길이 장정필(張貞弼, 888~978) 이라 하고 칠곡군 인동(仁同)을 본관으로 하는 인동 장씨 시조와 같은 집으로 통합했다. 《문헌비고》에 인동 장씨 시조는 장금용(張金用)이라 했는데, 지금은 장정필의 14세 계(桂)가 중시조라고 정리한다.

장길의 손자 중형이 인동 장씨이고 동생이 안동 장씨라는 것이다. 1966년 장봉순(張鳳諄)이 쓴 《장씨 천년사》에는 국내 48개 본관을 통 합하고 있다. 통합 세계(世系)에 무리가 있지만 절강 장씨, 덕수 장씨 를 제외한 국내 모든 장씨들이 장씨 대종회에 참여하고 있으므로 시비 를 가릴 수 없다.

1914년의 《안동 장씨 대동세보》를 보면 중국 소흥부에 백익이란 사 람이 있었고, 그의 아들이 청해진 장보고(張保皐) 대사이며 그는 비록 죽었으나, 중국에 아들 우(羽)가 살아 있었고, 손자 원(源)이 아들 정 필(貞弼)을 데리고 강릉에 들어왔다가 칠곡 인동에 살았으며, 고려 개 국 태사가 되었다고 정리하고 있다.

이처럼 역사 기록에 없는 사실들이 후기 족보 기록에 등장하기 때문 에 진실된 족보 기록마저도 사료 가치를 인정 받지 못하는 이유가 된다. 중국의 장씨는 소호 김천씨의 아들 휘(揮)가 활을 다루는 궁정(弓正) 벼슬을 해 성을 삼았다는 성씨이다. 신화시대에 이미 시작된 장씨는 중국 성씨 가운데 3대 성씨로 7,800만 명의 명족이다. 당나라 때 관중 지방의 범양, 청하와 강소성 소주 오흥군의 군망(郡望) 성씨였다. 강남 지방인 절강성 지역에 퍼져 살던 장씨들이 바닷길로 한반도에 건너왔다는 것은 고대로부터 자연스러웠다고 할 수 있다.

특히 중국 장씨들은 당나라 때 가장 활발하게 활동해 명망 성족이 되었으므로 해외 진출을 할 수도 있었을 것이며, 한반도 토박이들이 그 성씨를 모칭할 수도 있었으리라 생각된다.

- 인동 장씨 : 596,315명　　· 안동 장씨 : 83,961명
- ※ 덕수 · 절강 등 장씨 총계 : 895,036명

13) 함양 여(呂)씨

《문헌비고》에는 877년 당나라 소주 땅에 살던 여어매(呂御梅)가 '황소의 난'을 피해 신라 성주군 벽진면에 귀화했다고 적소 있다.

- 성주 여씨 : 11,012명　　· 밀양 여씨 : 416명
- 함양 여씨 : 25,667명　　※ 여씨 합계 : 56,692명

14) 충주 최(崔)씨

당나라 무장 최승(崔陞)이 신라 진성여왕 때인 889년 '애노(哀奴)의 난'을 평정하기 위해 왔다가 귀화했다.

- 인구 : 13,466명

15) 파주 염(廉)씨

907년 당나라가 망하고 중국은 5대 10국이 1세기 동안 서로 다퉜다.

후당(後唐, 993~936) 사람 염형명(廉邢明)이 나라의 혼란을 개탄하고 신라에 와서 파주에 정착했다고 한다. 이때는 한반도도 후삼국이 싸울 때이다. 파주는 당시 고려 땅이었다.

• 인구 : 53,539명

16) 성주 이(李)씨

성주 이씨 족보에는 시조를 신라 경순왕 때 이순유(李純由)라 하고 있는데, 그는 신라가 망하자 이름마저 극신(克臣)이라고 바꾸고 성주 경산에 숨어 살았으며 뒤에 이 고을 호장(戶長)이 되었다고 했다. 14세손 승경(承慶)이 원나라에 들어가 공을 세웠으므로 농서군공(朧西郡公)에 봉해졌다고 한다. 이로 보면 중국 관중 지방 농서군의 명족은 중국 이씨이고 북위시대 5대 명족이었다. 이 씨족이 당나라를 세웠다. 이로 미뤄보면 성주 이씨가 경주 이씨계가 아니면 당나라 귀화 씨족이었을 가능성이 높다.

• 인구 : 186,188명

17) 기계 유(兪)씨

중국 유씨는 황제 훤원(軒轅)씨의 아들의 병을 고친 유부(兪柎)의 후손들이다. 《문헌비고》에는 중국계 대원(大元) 유씨가 있다. 영일의 기계를 본으로 하는 유씨들은 신라 때 아찬 벼슬을 지낸 유삼재(三宰)를 시조로 모시며, 그 후손 의신(義臣)은 신라 사람으로 고려에 불복하다가 기계 호장이 되었다. 이 기록으로 보면 신라 때부터 이곳 토성이다. 만일 중국에서 왔다면 신라 통일 뒤 당나라와 교역 왕래가 잦아졌을 때의 일이었을 것이다. 당나라 때 유씨는 남쪽 소흥 지방과 산동 노주까지 널리 분포하고 있었다.

• 인구 : 178,209명

18) 영산 신(辛)씨

중국 감숙성 농서 출신 신경(辛鏡)이 학사로 엄(嚴)씨와 함께 신라
에 와서 창녕에 정착했다. 《문헌비고》에는 신경을 고려 인종 때 평장사
라 했다. 영월 신씨 시조는 고려 때 신군재(辛君才)다. 신씨는 국내 해
안가에 많이 살았다. 영월 본관도 같은 씨족이다.

• 영산 신씨 : 83,798명   • 영월 신씨 : 47,489명

19) 창녕 성(成)씨

《문헌비고》에는 중국 주나라 문왕의 일곱째 아들인 숙무(叔武)가 성
(成) 땅의 제후가 되어 초나라 때 성(成)씨 성이 확정되었음을 총설 편
에 소개하고 있다. 창녕 본관 성씨는 신라 때 대관을 지낸 성저(成貯)를
원조로, 시조는 고려 중기 사람 창녕의 호장 성인보(成仁輔)라 하였다.

• 인구 : 184,555명

20) 신창 맹(孟)씨

중국 노(魯)나라 환공 후손의 성씨이다. 《문헌비고》에는 맹씨는 중
국에서 왔다고만 밝히고 있다. 맹자의 후손 맹승훈(孟承訓)이 888년 당
나라 오경박사로 신라에 왔다고 주장하고 있다.

• 신창 맹씨 : 18,147명   • 온양 맹씨 : 2,034명
※ 맹씨 합계 : 20,219명

21) 신천 강(康)씨

《운부군옥》에는 신라 때 아간을 지낸 강충(康忠)이 있다고 했으나,

이 집안은 주나라 왕족 강숙(康叔)의 68세손 강호경(康虎景)이란 인물을 내세우고 있다. 기(起) 1대조 강지연(之淵)이 고려 고종(1213~1259) 때 사람이고 한반도에 건너온 호경의 14세손이라 하므로 신라 말기에 들어왔다고 할 수 있다. 다시 중국 강씨들은 절강성 소흥 지방에 살고 있었다. 신천은 황해도 땅이다.

• 인구 : 44,259명

22) 오(吳)씨〔해주(海州) 등〕

중국의 오나라는 절강성과 안휘성을 중심으로 한 춘추시대 주나라 제후국의 이름이다. 이 지역 후손들이 나라 이름을 성으로 삼았다. 오나라는 월나라 구천에게 망했다. 오나라 최후 왕 부차(夫差, BC 496~473)는 22세손이다. 그의 현손 오기(吳起)가 전국시절 초나라 장수를 지냈다.

이 오기의 45세손 오첨(吳瞻)이 신라에 건너온 것이다. 오첨은 상인으로 신라 경명왕(947~950) 때 신라로 건너와 살다가 당이 망하고 5대 시대인 후한(947~950)에 이르러 고향으로 돌아갔다. 그때 오응(吳膺)이란 아들 하나는 신라 여인인 어머니와 함께 신라에 머물렀고 고려 태조 때 탐라왕의 사위가 되었다. 그 후손 가운데서 해주(海州), 화순(和順), 동복(同福)의 본관 성씨가 나왔다. 이 내용은 《문헌비고》에 기록되어 있다.

1962년 국내 14본관 오씨들이 모여 대동종친회를 구성하고 《문헌비고》의 기록에 따라 원조를 오첨으로 삼고 해주, 동복, 보성의 파조를 3형제로 합의했다. 1966년 충남 공주군 장기면 신관리 취리산 중턱에 3군 단소(壇所)까지 마련했다.

그러나 나주 오씨들은 이 3형제보다 앞서 고려 태조 때 나주 토호로 나오는 집안이고 왕비까지 낸 것 때문인지 이 주장에 동의하지 않는다. 해주 오씨들은 오첨이 경명왕 때 신라에 온 것이 아니고 지증왕 원년인 서기 500년에 와서 함양의 김종의 딸과 결혼해 두 아들을 낳았으나 오첨이 큰 아들 오긍(吳肯)을 데리고 고국으로 돌아가고 네 살 난 아들과 부인은 남았다는 것이다. 그 후손 가운데서 '오희〔吳禧, 856~944, 다린군(多僯君)〕'가 나오고 딸이 혜종비가 된 뒤 오희의 아들 상, 환, 검 삼형제는 각각 벼슬을 하였는데 큰아들 상(相)은 금성군 군봉을 받기도 했다. 그러므로 역사에 나오는 다린군은 군봉일 뿐 본디 이름은 희(禧)임을 알 수 있다. 다린군 오희의 아들들이 4대 광종(光宗)대에 이르러 공신 토호 탄압이 시작되자 오상(吳相, 885~976)의 손자 오광우(吳光佑)와 우경(遇慶)이 중국으로 피신하고 그의 자손 오인우(吳仁祐)가 984년 다시 고려에 들어와 해주에 자리 잡았다고 정리하고 있다.

《여지승람》에는 오희의 아버지를 부돈(富他)이라 했다. 희는 오응의 11세손이 되는 셈이다. 해주 오씨들은 오희의 아버지를 방(昉)이라 한다.

당나라 때 중국 오씨들은 춘추전국시대 오나라 중심이었던 강남지방 오흥 지방 명망 성씨였다. 한국 오씨들이 해안 지방에 주로 몰려 있는 것과 연관 지을 만하다.

- 나주 오씨 : 25,546명
- 해주 오씨 : 422,735명
- 화순 오씨 : 3,032명
- 동복 오씨 : 55,517명
- 보성 오씨 : 59,914명
- ※ 오씨 총계 : 706,908명

(5) 당(唐)나라 학사(學士)들의 귀화

한국 현존 성씨 가운데 당나라 학사로 고구려 또는 신라에 귀화했다는 성씨는 10성씨가 넘는다. 그 가운데 남양(南陽)을 본관으로 하는 성씨만 38성이다. 이 집안들은 고구려 또는 신라 왕의 초청을 받아 화성군 남양면 당성(唐城)으로 8학사가 함께 들어왔다고 하면서도 각기 그 시기가 달라 믿기 어렵다. 남양은 신라 때 무역항으로 외국인 귀화자가 많았던 같다.

1) 원주 원(元)씨

《문헌비고》는 중국 위(偉)나라 종실 원훤(元暄)의 후손으로 그 후손이 우리나라에 왔다고 했다. 이 집안은 643년 고구려 초청 8학사의 한 사람 원경(元鏡)이라고 정리하고 있다. 당나라 때 중국 원씨는 하남성에서 살았다.

• 인구 : 119,359명

2) 장흥 위(魏)씨

중국 진(晋)나라 때 주나라 문왕의 자손 필만(畢萬)이 산서, 하남 일대 위국(魏國)의 제후가 된 뒤 자손들이 나라 이름을 성씨로 삼았다. 《문헌비고》에는 다만 그 후손이 중국에서 우리나라에 왔다고만 했으나 위씨 족보에는 당나라 8학사의 한 사람으로 위경(魏鏡)이 남양으로 들어왔다고 적고 있다.

일설에는 당나라 홍농 출신으로 당 태종 때 신라에 들어왔다고도 한다. 당나라 때 중국 위씨들은 하북성 형주와 산동성 동평에 살았다. 한국 위씨들은 고려 말엽에 역사 기록에 나타난다. 전남 장흥이 중심이다.

• 인구 : 28,675명

3) 남양 홍(洪)씨

《문헌비고》에는, "당나라 태종 정관(貞觀) 연간(627~649) 고구려에서 당나라에 예문에 통달한 학사를 청하니, 재간 있는 사람 8명을 보내 주었다. 홍씨는 그 가운데 한 사람으로 당성(唐城)에 살았고 당성이 남양부(南陽府)에 있어 관향을 삼았다. 시조 홍은열(洪殷悅)은 그 후손이지만 몇 대인지 알 수 없다"고 했다.

남양 홍씨들은 1988년 화성군 서실면 상안리 산 31번지 국가 지정 사적 제217호인 당성(唐城) 밑에 당성사적비를 세워 8학사 도착지라는 내력을 기록해 놓고 있다.

신라가 이곳에 당성진(唐城鎭)을 개설한 것은 829년(홍덕왕 4년)의 일이다. 백제, 고구려, 신라가 패권을 다투던 시절인 642년(선덕여왕 11년)에 백제 의자왕이 고구려와 더불어 이곳 당항성(黨項城)을 쳤다는 기록이 있다. 남양의 당성진 말고도 화성군 송산면 지화리(芝花里)에는 고당성(古唐城)이라 이르는 화양산성(花梁山城)이 있다. 이 포구는 백제를 멸한 소정방 군대가 들어온 곳이며 청나라 원세개(袁世凱)가 대원군을 압송해 간 포구이기도 하다. 당나라 때 중국 홍씨들은 안휘성의 단양과 강서성의 예장에 살았다.

남양 홍씨들은 홍은열의 선조로 처음 한반도로 들어온 인물이 홍천하(洪天河)라 한다. 남양 사성(賜姓) 본관의 인물로 연(燕)나라 사람 홍빈(洪彬)이 있다. 고려 충숙왕이 데리고 와서 남양 홍씨 성을 주었다.

이와 달리 본관은 같은 남양이지만 토박이로 살다가 고려 고종 때 금오위별장을 지낸 홍선행(洪先幸)을 시조로 하는 다른 집안이 있다. 이 집안을 토홍(土洪)이라 한다.

• 남양 홍씨〔당(唐) 홍(洪)계〕 : 379,708명

4) 남양 방(房)씨

중국 방씨는 요임금 아들 단주(丹朱)의 후손들이다. 남양에 들어온 이는 당나라 방현령(方玄齡)으로 그의 7세조 방이홍(方李弘)을 시조로 삼고 있다. 방이홍은 고려 개국에 공을 세웠다. 당나라 때 방씨들은 청하와 하남의 군망 성씨였다.

• 인구 : 22,519명

5) 남양 서(徐)씨

당성(唐城) 서씨라고도 하며 시조는 서득부(徐得富)이고 증손이 서경덕(徐敬德, 1489~1546)이다. 이 집안은 당나라 서간(徐趕)이 8학사로 당성에 들어와 정착했다고 주장한다.

• 인구 : 723가구, 2,246명

6) 진주 형(邢)씨

당 태종(627~649) 때 고구려 영류왕의 요청으로 온 8학사 가운데 한 사람이라는 형옹(邢顒)이 시조이다.

• 인구 : 1,820가구, 5,822명

7) 온양 방(方)씨

중국 하남성 낙양현의 명족이다. 《문헌비고》에는 산동 사람 방지(方智)가 삼한 때 학사로 왔다고 했는데 《씨족보》에 보면 669년 당나라 사절로 신라에 와서 온양에 정착했다고 한다.

• 인구 : 64,128명

8) 초계 변(卞)씨

중국 당나라 변원(卞源)이 743년 8학사의 한 사람으로 신라에 왔다. 중국 변씨는 당나라 때 산동성 낙안과 하남성 제양의 명망 성씨이다.

• 인구 : 15,276가구, 49,506명

9) 김포 공(公)씨

중국 공씨는 산동성에 있던 노나라 왕족이었다. 당 현종(755~763) 때 안녹산의 난를 피해 김포에 와 정착했다. 18학사 가운데 한 사람이라 한다. 18학사는 알 수 없다.

• 인구 : 521가구, 1,715명

10) 남양 제갈(諸葛)씨

중국 삼국지에 나오는 제갈 량(亮)의 아버지 제갈 규(珪)로부터 20세손이 된다는 제갈 공순(公巡)이 신라 흥덕왕(826~836) 때 남양에 정착했다고 한다. 고려 때 성씨에는 보이지 않는다. 다만 제(諸)씨와 갈(葛)씨는 있었다. 《문헌비고》에도 언급이 없다. 이 집안에서는 고려 고종 때 제씨와 갈씨 단자 성으로 분파했다고 주장한다.

• 제갈씨 : 4,444명   • 제씨 : 19,595명
• 갈씨 : 3,178명

11) 평택 임(林)씨

중국의 임씨는 은나라가 망할 때 기자, 미자(微子)와 더불어 삼인(三仁)이라 불렸던 비간(比干)의 아들이 장림산(長林山)에 숨어 살아

그 후손이 수풀 임(林)자를 성으로 삼았다고 한다.

이밖에도 공자의 제자 임방(林放) 후손설, 주나라 평왕의 아들 임개(林開) 자손설 등이 있다. 당나라 때 임씨는 천주의 남교와 산서, 섬서성 사이에 있던 서하(西河)의 명망족이었다. 평택 임씨 시조 임팔급(林八及)은 당나라 문종(827~840) 때 당나라 8학사로 신라에 와서 평택에 자리 잡았다고도 하고 참소를 받아 유배되던 배가 평택 용포리에 닿아 정착했다는 설도 있다. 문종 때 왔다면 완도 청해진 장보고 시대 상인 집단이었을 가능성이 높다.

국내 임씨들은 1927년 임팔급을 도시조로 8개 본관이 같이 서울 필운동에 제단을 만들었다가 1966년 충남 청양군 북성면 화암리에 새로 시조단을 만들었다. 다만 나주 임씨들만은 충렬왕 때 사람 임비(林庇)를 원조로 내세우고 평택 임씨 세계(世系)를 따르지 않는다. 임씨들이 토박이가 아니고 중국에서 왔다면 나주 임씨나 조양 임씨는 중국 강남 천주 지방에서 바다를 건너온 임씨였을 것이고, 평택 임씨계는 산서성 관북 지방 사람들이었을 것이다.

- 평택 임씨 : 210,089명
- 안동 임씨 : 6,497명
- 안의 임씨 : 1,681명
- 옥야 임씨 : 1,285명
- 임천 임씨 : 1,336명
- 전주 임씨 : 4,273명
- 조양 임씨 : 31,924명
- 보성 임씨 : 1,970명

※ 임씨 총 인구 : 762,797명(이 가운데 나주 임씨가 236,877명)

12) 행주 은(殷)씨

당나라 은홍열(殷洪悅)이 신라 문성왕 때인 850년 8학사의 한 사람으로 신라에 왔으며 그 후손들이 행주에 정착했다. 중국 은씨는 당나라 때 하남성 개봉 지방 진유(陳留)의 명망성이었다.

• 인구 : 12,241명

13) 효령 사공(司空)씨

시조 사공도(司空圖)가 당나라 희종 때 예부시랑을 지내다가 897년에 8학사의 한 사람으로 경북 군위군 효령에 정착했다.

• 인구 : 1,360가구, 4,307명

14) 남양 송(宋)씨

《남양 송씨 족보》는 씨족 스스로 후당 명종 때인 926년 한림 8학사인 송규(宋圭)가 남양 송주동에 정착했다고 한다. 당시 중국은 5대 15개국이 싸우던 시절이다. 당시 서안 곁 경조(京兆), 남양, 서하, 하내 등지에 널리 번져 살던 명족이었다. 여산(礪山) 송씨들은 중국 섬서성 경조(京兆) 출신인 당나라 호부상서 송주은(宋柱殷)의 후손 송자영(宋自英)이 도시조로 그의 세 아들이 여산, 은진, 서산 본관 송씨가 되었다 하지만 정확한 연대를 고증할 수 없어 생략한다. 《문헌비고》도 귀화 성씨로 분류하고 있다.

• 남양 송씨 인구 : 3,154 가구, 10,183명

15) 옥천 육(陸)씨

시조 육보(陸普)가 927년 절강성에서 8학사의 한 사람으로 신라에 와서 경순왕의 부마가 되었다고 주장한다. 중국의 육씨는 본디 남조시대 오흥(吳興) 지방 명족이었다.

• 인구 : 6,259 가구, 20,173명

16) 의령 옥(玉)씨

중국 당나라 사람 옥진서(珍瑞)가 8재사의 한 사람으로 신라에 왔다. 중국에는 산동 옥씨도 있었다.

- 인구 : 6,157가구, 19,368명

17) 해평 길(吉)씨

당나라 8학사의 한 사람으로 길당(吉塘)이 신라에 귀화했다. 중국 길씨는 주나라 때 윤길보(尹吉甫)가 시조로, 그의 이름 가운데 첫 자를 자손들이 성으로 썼다. 당나라 때 섬서성 풍익의 명망 있는 성씨였다.

- 선산 길씨 : 6,384명　　　　　• 해평 길씨 : 20,338명

18) 남양 전(田)씨

《문헌비고》에는 남양 전(田)씨를 담양 전씨 분적 성관이라 했다. 다만 화산 전씨, 서천 전씨, 대명(大明) 전씨 등이 있음을 적고 있다. 족보에는 시조 전풍(田豊)이 당나라에서 옥책을 잘못 써서 신라에 유배온 한림학사라 한다..

- 남양 전씨 : 4,660명　　　　　• 대명 전씨 : 1,701명

(6) 고려시대 귀화 성씨

1) 태안 이(李)씨

송나라 농서 사람 이욱(李煜)이 925년 고려 건국 당시 귀화했으며 7세손 이기(李奇)가 태안에 정착했다고 한다. 그러므로 이장(李莊)을 시

조로 하는 《문헌비고》에 기록된 태안 이씨와 구분하기도 한다.

• 인구 : 4,084명

2) 무송 윤(尹)씨

당나라가 망하고 '5계의 난'이라는 5대 10국이 1백여 년 싸울 때 윤경(尹鏡)이 무송에 건너왔다고 한다. 중국 윤씨는 감숙성 천수(天水)군의 망성 씨족이었다. 근래 이 집안은 예종 때 낭장을 지낸 윤양비(尹良庇)를 기(起) 1대조로 내세우고 있다. 한국 윤씨의 대종을 이루고 있는 파평 윤씨는 따로 국내 탄생 설화를 가지고 있다. 가장 빠른 윤씨는 신라 무열왕 때 태자 태수라는 칠원 윤씨 시조 윤시영(尹始榮)이다. 《문헌비고》에는 귀화 성씨로 보고 중국 윤씨의 시원만 적고 있다.

• 인구 : 13,384명

3) 강화 위(韋)씨

중원 출신 위수여(韋壽餘)가 960년 강화도에 건너왔다. 《문헌비고》에는 고려 때 도영장 위득유(韋得柔)가 시조라 했다. 분파된 여주 위씨도 있었다.

• 인구 : 1,821명

4) 신창 표(表)씨

후주의 이부상서를 지낸 표대박(表大璞)이 907년 당이 망하고 970년 북송(北宋)이 통일할 때까지 계속된 15국의 싸움이 싫어 960년 광종 때 고려로 건너왔다고 한다. 동행한 사람 가운데 강(强), 방(方), 위(韋), 변(辺), 윤(尹), 진(秦), 감(甘), 황보(皇甫) 등의 성씨도 있었다고 덧붙이고 있다. 그러나 동행했다는 씨족마다 서로 귀화 시기를 달리 적고 있다.

- 인구 24,822명(국내 표씨 합계 28,398명)

  충주 장씨 : 고려 예종 때(1120년 전후)

  황주 변씨 : 북송이 망할 때 1126년

  온양 방씨 : 669년

  무송 윤씨 : 962년

  풍기 진씨 : 660년

  회산 감씨 : 1351년(노국공주 배종)

  강화 위씨 : 960년

  영천 황보씨 : 907년(당이 망할 때)

5) 전주 연(連)씨

《문헌비고》에 고려 태조 때 연주(連珠)가 2등 공신이 되었다 했다. 그러나 《여지승람》에는 없던 성씨이다.

- 인구 : 532명

6) 단양 우(禹)씨

중국 하나라 우임금 후손 성으로 농서 지방 성씨이다. 우현(禹玄)이 고려 초에 단양에 들어와 살았다. 이곳 호장이었다. 우탁(禹倬)이 예안 으로 분적했다.

- 예안 우씨 : 240명   • 인구 : 162,479명

7) 장흥 임(任)씨

중국 소흥 임씨 시조 임약의 손자 임호(任灝)가 고려 정종(945~
949) 때 전남 장흥 천관산 밑 임씨섬에 기착했다. 인종의 왕비를 내 고
려 후기 재상지종 15성에 들었다. 본관은 장흥, 관산, 정안으로 쓴다.
물론 한국 귀화 시조가 다른 풍천(豊川) 임씨도 중국 소흥 임씨로 노국
공주와 함께 와서 풍천에 정착했다.

- 장흥 임씨 : 24,523명   · 관산 임씨 : 1,461명
- 풍천 임씨 : 99,986명

8) 충주 지(池)씨

중국 관중 홍농 출신 지경(池鏡)이 고려 광종 때인 960년 사신으로
와 충주에 정착했다. 충주 어(魚)씨는 왕건 태조가 본디 지중익(池重
翼)의 성을 어(魚)씨로 바꿔 시조가 되었다 했다. 그러므로 두 지(池)
씨는 다른 셈이다.

- 충주 지씨 : 118,211명

9) 거창 유(劉)씨

진 시황제가 세운 왕조를 무너뜨린 한 고조 유방(劉邦)은 고려 왕건
처럼 많은 공신들에게 같은 유씨 성을 주었다.

유방의 41세손이라는 유전(劉筌)은 고려 때 송나라 8학사의 한 사람
으로 영일군에 와서 살았으며 맏아들이 거창으로 옮겼다 한다. 강릉,
백천이 이 집안에서 갈려 나갔다. 기록에는 이에 앞서 기자조선 때 유
루(劉累)가 있었다.

- 거창 유씨 : 19,419명   · 강릉 유씨 : 178,913명
- 백천 유씨 : 6,573명   ※ 유씨 총계 : 242,889명

10) 두릉 두(杜)씨

중국 섬서성 장안현 두릉을 본관으로 하는 중국인 두경영(杜慶寧)이 두 아들과 함께 1004년 고려 목종 때 전북 김제 만경에 건너와 정착했다.

• 인구 : 5,701명

11) 함평 모(牟)씨

산동성 모평현의 성으로, 절강성 평양에 살던 모경(牟慶)이 북송 휘종(1101~1126) 때 고려에 와서 전남 함평의 모평현에 살았다. 조선왕조 때 함평에 합해진 모평현은 고려 태조 3년(940년) 이전에는 다기(多岐)현이라 했으나 중국 산동성 모씨들의 옛 고향 이름인 모평현(牟平縣)으로 바뀐 것을 보면 이미 이때부터 중국과 인연이 있던 곳 같은데 중국 모씨들이 고려 현종(1009~1031) 때 귀화했을까 의문스럽다.

• 인구 : 18,955명

12) 안성 이(李)씨

중국의 농서 이씨 이중선(李仲宣)이 송나라 사신으로 고려 문종(1046~1083) 때 고려에 왔으며 세자의 스승이 되었다고 한다. 안성에 정착해 이곳 본관을 얻었다.

• 인구 : 19,739명

13) 거창 신(愼)씨

고려 문종(1046~1083) 때인 1068년 송나라 개봉부 사람 신수(愼修)가 귀화한 뒤 8세 신성(愼成)이 거창 본관을 얻었다.

• 인구 : 45,764명

14) 아산 장(蔣)씨

송나라가 여진족이 세운 금나라의 침공을 받자 장서(蔣壻)는 고려 예종(1105~1122) 때 충남 아산군 문방리에 망명했다(《운부군옥》). 중국 장씨는 주나라 주공의 아들을 시조로 하는 집안으로 산동성 낙안(樂安)에 많이 살았다.

• 인구 : 17,708명

15) 서산 정(鄭)씨

시조 정신보(鄭臣保)는 북송 때 절강성 사람으로 나라가 금나라(1115~1234)에게 망하자 고려 서산에 와서 살았다.

• 인구 : 15,362명

16) 풍산 심(沈)씨

고려 예종 때인 1110년 절강 오흥 사람 심만승(沈滿升)이 상선을 타고 와서 경북 안동 풍산에 정착했다.

• 인구 : 10,990명

17) 의령 여(余)씨

중국 송나라 오흥 지방 여씨인 여선재(余善才)는 나라가 망하자 고려에 와서 의령에 정착했다(〈서씨〉 편 참조).

• 인구 : 18,146명

18) 함평 모(毛)씨

《여지승람》에 모씨는 함평과 대구 해안(解顔)의 토성이라 했다. 그러나 오늘날 이 집안은 광주를 본관으로 쓴다. 고려 인종(1122~1146) 때 모경(牟慶)이 중국 홍농(弘農)에서 왔다고 한다.

- 인구 : 879명

19) 현풍 곽(郭)씨

중국 관서 지방 하남성 홍농 출신 곽경(郭鏡)이 고려 인종(1122~1146) 때 경북 달성에 정착했다.

- 인구 : 187,322명

20) 능성 구(具)씨

고려 인종 때인 1224년 구존유(具存裕)가 신안 주(朱)씨 주잠(朱潛)과 함께 전남 연안에 도착해 화순 능주에 정착했다.

구씨와 주씨는 중국 강남에 많은 성씨이다. 근래 이 집안은 창원(昌原) 본관 구씨까지 합했으나 창원 구씨는 본디 구람(仇覽)의 후손으로 구성길(仇成吉)이 고려 혜종(943~945) 때 들어왔으며 1791년에 오늘날과 같은 구(具)자 성으로 바꿨다. 고려 때는 이 성씨 본관이 능성보다 많았다.

- 능성·능주 구씨 : 145,987명   • 창원 구씨 : 14,035명
※ 18본 합계 : 178,167명

21) 담양 국(鞠)씨

고려 인종(1122~1146) 때 중국 중부 회하(淮河)변에 살던 국량(鞠樑)이 전남 담양에 들어와 정착했다.

- 인구 : 16,697명

22) 달성 하(夏)씨

고려 인종 때(1122~1146) 송나라 절강성 하계 사람 하흠(夏欽)이 고려에 귀화했다. 《문헌비고》의 기록이다.

• 인구 : 4,052명

23) 여산 송(宋)씨

중국 송씨는 은나라가 망할 때 일족을 지금의 하남성 상구현에 살게 했는데, 당시 그 땅 이름이 주나라 때 봉지인 송국(宋國)이었으므로 그 후손들이 성을 삼았다. 그러므로 고려 때의 중국 나라 이름 송(宋)과는 다르다.

물론 5세기 남북조 때 유유(劉裕)가 세운 58년 단명의 남조(南朝) 송(宋)과 10세기 중반에 중국을 통일한 조광윤의 송나라 이름이 아니다. 고려 때 중국 대륙에 있던 송나라는 북쪽 거란이 세운 요의 압박을 계속 받았다. 1004년에 맺은 전연의 맹약 뒤 평화가 지속되다가 1125년 요는 여진족의 금나라에게 망하고 만다.

이 난리통에 섬서성에 살던 송자영(宋自英)이 세 아들을 데리고 한반도 서해안에 왔던 것 같다. 여산(礪山) 송씨의 송송례(宋松禮, 1207~1289)는 고려 때 사람으로 그의 증조부 유익(惟翊)이 아버지와 함께 한반도로 왔다고 했기 때문이다.

《고려사》 기록을 보면 1101년부터 송나라 사람들의 귀화가 시작되고 1138년 이후에는 수십 명씩 집단으로 보따리 장사꾼들이 고려에 찾아온 기록이 보인다.

둘째 천익(天翊)은 은진(恩津), 셋째 문익(文翊)은 서산(瑞山) 송씨 시조이다. 전남에 많은 신평(新平, 홍성) 송씨는 여산에서 갈린 집안이라 한다.

• 여산 송씨 : 232,753명   • 은진 송씨 : 2,713명

• 서산 송씨 : 208,816명   • 신평 송씨 : 11,636명

※ 송씨 합계 : 634,345명

24) 함종 어(魚)씨

남송(1127~1279) 때 난을 피해 중국 섬서성 풍익 사람 어화인(魚化仁)이 피난와 강릉에 살다가 평남 함종 본관을 얻었다.

• 인구 : 13,321명

25) 여흥 민(閔)씨

중국 감숙성 농서현 명족으로 고려 중엽에 민칭도(閔稱道)가 사신으로 왔다가 경기도 여주에 정착했다고 한다. 《문헌비고》는 증거가 없다고 했으며, 이규보(李奎報)의 시에는 공자의 제자 민자건의 후손설이 가깝다고 했다.

• 인구 : 142,572명

26) 가평 간(簡)씨

《문헌비고》에는 간씨 성은 고려 충렬왕 때 간유(簡有)가 있다고 했다. 이 집안은 의종(1146~1170) 때 문하시중을 지낸 간균(簡筠)이 시조라 한다. 고려 때 가평의 3대 토성이다. 중국 간씨는 범양의 군망성(郡望姓)이다.

• 인구 : 2,076명

27) 목천 우(于)씨

중국 하남 사람 우방령(于邦寧)이 고려 중엽에 왔다.

• 인구 : 15,362명

28) 수안 계(桂)씨

중국 감숙성 천수 지방 사람 계석손(桂碩遜)이 고려 말에 황해도에
왔다고 한다. 충렬왕(1274~1308) 때 계문비(桂文庇)가 대장군으로 나
오므로 송나라 사람이었을 가능성이 많다.

• 인구 : 6,282명

29) 창녕 장(章)씨

송나라 직예성 하간 사람 장감(章鑑)이 고려에 왔으며 그 후손 장종
행(章宗行)이 충렬왕 때 대제학을 지냈다. 본디 제(齊)나라 태공의 서자
집안이다(《문헌비고》). 거창 복성의 두 본관이 《문헌비고》에 있다.

• 인구 : 5,562명

30) 태원 이(李)씨

중국 송나라 산서성 태원 사람 이귀지(李貴芝)가 고려에 왔다. 손자
방무(芳茂)가 조선왕조 개국에 공을 세우고 함경도 북청에 살았으나 고
국의 고향을 본관으로 했다. 이것이 사실이라면 야인(野人, 여진족)이었
을 가능성이 높다. 《문헌비고》에 없던 본관으로 이 책에는 태원(太原)
본관 이씨가 나온다. 길주, 갑산, 산수, 부령 등의 이씨는 모두 야인들의
본관이었다. 고려에 온 사람의 손자가 조선왕조 개국에 참여했다면 그
시조가 1300년대 초반 인물이므로 태원에서 왔더라도 원나라 백성이다.

• 인구 : 670명

184

31) 은천 이(伊)씨

중국 반계(磻溪) 사람이 고려 때 귀화해 경주에 정착했다고 한다. 《문헌비고》에 은천 본관이 있으나 시조에 대해서는 언급이 없으며, 대원(大原) 이씨 시조는 이단취(伊丹取)라 했다.

- 인구 : 411명

32) 여양 진(陳)씨

북송의 복주 출신 진수(陳琇)가 국난을 피해 고려에 와 여양에 살았다. 삼척 본관은 이의 분파라고 하나 삼척파는 부인한다. 근래 나주, 강릉, 덕창 등이 모두 여양으로 족보를 합보했다.

- 여양 진씨 : 97,372명
- 삼척 진씨 : 7,198명
- 나주 진씨 : 4,020명
- 강릉 진씨 : 4,284명
- 양주 진씨 : 193명
- 덕창 진씨 : 138명

33) 경주 섭(葉)씨

중국 송나라가 망할 무렵인 고종(1127~1162) 때 절강 사람 섭공제(葉公濟)가 고려에 건너와 나주에 살다가 능주, 담양을 거쳐 경주 본관을 얻었다. 《문헌비고》는 현종 9년인 1012년 섭거전(葉居腆)이 투항했다고 하는데 송나라 상인이었던 것 같다.

34) 신안 주(朱)씨

중국 절강성 신안 사람 주자(朱子)의 증손자 주잠(朱潜)이 송나라의 국운이 기울자 그의 아들과 함께 고려 고종 때인 1213년(1224년?) 신안군 압해도를 거쳐 화순 능주에 정착했다.

《문헌비고》에는 이보다 앞서 주인소(朱仁紹)가 나주에 왔다 했다.

주씨들은 나주, 압해, 능성 등의 본관을 쓰다가 1902년 주석면(朱錫冕)이 청원해 신안으로 본관을 바꿨다. 《문헌비고》에는 대명(大明) 본관 주씨가 있고 고성(固城) 주씨는 당나라 투화인이라고 적혀 있다.

- 신안 주씨 : 151,227명
- 압해 주씨 : 147명
- 나주 주씨 : 1,931명
- 능성 주씨 : 3,300명

35) 수성 빈(賓)씨

송나라가 망하자 산동 사람 빈우광(賓宇光)이 충렬왕 때 대구에 와서 살았다.

- 인구 : 3,704명

36) 보성 선(宣)씨

명나라 건국 직후인 1382년(우왕 시절) 선윤지(宣允祉)가 명나라 사신으로 고려에 와서 개성에 살다가 고려가 망하자 전남 보성에 정착했다.

- 인구 : 38,849명

37) 밀양 당(唐)씨

절강성 명주 출신 당성(唐誠)이 원나라 말기(1350년 무렵)에 밀양에 와서 살았다. 《문헌비고》에 이 같은 사실이 기록되어 있다.

- 인구 : 1,025명

38) 상산 이(李)씨

중국 하북성 하간부 출신 이환(李煥)이 고려 말에 들어오고 그 후손

이민도(李敏道)가 조선 개국공신이 되었다고 주장한다.

《여지승람》 상주목 성씨조를 보면 하간부 이씨가 나오고 고려 인물로 이민도가 나온다. 원나라 하간부 사람으로 순제 말년에 난을 피해 동쪽으로 왔으며 나라에 공이 있으므로 상산군이 되고 상산(商山)을 본관으로 삼았다고 했다.

• 인구 : 1,379명

39) 연안 명(明)씨

주원장이 명나라로 중국을 통일하기 전 서촉 지방에서 대하(大夏) 황제를 자칭하던 명옥진(明玉珍)을 5년 만인 1367년(공민왕 20년) 평정하자 그의 아들 명승(明昇)이 1371년 고려에 망명, 큰아들은 연안 명씨가 되고 넷째 아들은 아버지 이름을 따서 창평(昌平) 승(昇)씨가 되었다.

• 연안 명씨 : 26,746명　　• 창평 승씨 : 810명

40) 사천 목(睦)씨

중국 직예성 조군(趙郡)의 명족으로 고려 때 목효기(睦孝基)가 사천에 와서 정착했다.

• 인구 : 8,191명

41) 광령 묵(墨)씨

중국 섬서성 양주에 살던 묵사(墨泗)가 병부상서로 있다가 귀화했다고 한다. 《문헌비고》에는 요동 본관 묵씨는 중국 투화인이라는 기록이 있다.

• 인구 : 179명

42) 안주 범(凡)씨

중국 하남성 사람 범영부(凡永富)가 고려 우왕(1374~1388) 때 고려에 문화사절로 건너와 안주(安州)에 정착했다. 《실록》에는 없다.

• 인구 : 157명

43) 곡산 연(燕)씨

《여지승람》에 따르면 두 고을 토성이었다. 이로 미뤄 보면 고려 때 생긴 성씨이며 중국 성씨는 주나라 공자의 제자들 가운데 연급(燕伋)이 있었고 범양의 망족성이었다.

• 인구 : 3,205명

44) 의흥 예(芮)씨

《문헌비고》에는 부계(缶溪) 예씨로 조선조에 예사문(芮史文)이 실려 있으며 15본관이 예시되어 있다. 《여지승람》에는 의흥의 부계, 순창의 복흥 성씨로 나온다.

• 인구 : 12,655명

45) 양산 진(陳)씨

원나라 때 중국 양산 사람 진리(陳理)가 고려 공민왕조에 귀화했다고 한다. 중국 본관을 쓰는 것으로 보아 조선 말엽 창성 본관으로 볼 수 있다. 《문헌비고》는 〈흥덕(興德) 진씨〉 편에서 원나라 말엽 진우량(陳友諒)이 무창에 웅거해 황제라 칭하고 국호를 한(漢)이라 했으나 곧 패사했으며 그의 아들 진리(陳理)가 명나라에 항복하자 명나라 주원장이 고려에 가서 살게 했다고 했다. 《문헌비고》에 양산 진씨가 실려 있는데 중국의 투화인이라 했다.

  • 양산 진씨 : 808명   • 흥덕 진씨 : 341명

46) 진주 진(秦)씨

공자의 제자로 문묘에 배향된 진상(秦商)을 시조로 한다. 그 후손 진욱(秦郁)이 고려에서 진주군 군봉을 받았다. 동도(東渡) 시기가 불분명하다. 《문헌비고》에 실려 있다.

  • 인구 : 1,582명

47) 금구 온(溫)씨

《문헌비고》에는 이 집안을 중국 귀화 성씨로 보고, 중국 온씨에 관해 주나라 성왕의 동생 집안 창성 내력과 함께 온씨의 11본을 적고 있다. 금구 온씨 시조인 온신(溫信)이 신돈을 탄핵하다가 금구〔거야(居野)〕에 유배되어 그 후손들이 이곳에 정착했다.

  • 인구 : 5,081명(금구 2,148명, 봉성 1,417명)

48) 목천 상(尙)씨

《여지승람》에 천안군 덕흥(德興) 지방 성씨에 상(尙)씨가 있다. 시조 상국진(尙國珍)은 목천 호장이었다. 중국 상당 성씨이다.

  • 인구 : 2,293명

49) 진천 동(董)씨

고려 말엽 명나라 동승선(董承宣)이 접위사로 고려에 와서 함경북도 북청에 정착했다. 광천 본관을 쓴다.

• 인구 : 5,564명

(7) 몽고 지배 기간의 귀화 성씨

몽고가 세운 원나라는 충렬왕(忠烈王, 1274~1308) 이후 공민왕(恭愍王, 1351~1374)까지 거의 1백 년 동안 고려를 지배하고 충렬, 충선, 충숙, 충혜, 공민 5왕에게 7명의 원나라 여인을 시집보내 사위의 나라로 다스렸다. 고려로 시집온 원나라 공주들은 모두 그들에 딸린 사속들을 수십 명씩 데리고 와서 고려 성명을 주고 정착시켰다.

당시 사정을 일본 식민지 시절이나 광복 뒤 미국과 동맹관계에 있는 양국 사이의 교류와 귀화에 견준다면 얼마나 많은 수의 귀화 성씨가 생겨났을까 추측할 만하다. 그 뿐만 아니라 고려가 완전히 항복하기 전 원나라는 20만에 가까운 고려 사람들을 포로로 붙잡아 갔다가 1280년대 이후에야 돌려보냈는데 몽고씨를 받은 사람을 '호로자식(胡虜子息)'이라 하고 돌아온 여인을 '환향녀(還鄕女, 어떤 이는 병자호란 때 생긴 말이라고도 한다)'라 했다고 한다. 그러므로 이 기간에 엄청난 혼혈이 이뤄졌음을 알 수 있다. 이 시대 공주를 호송하고 고려에 와서 정착했다는 성씨들은 충렬왕 때 8성씨, 공민왕 때 10성씨이다(창원 황씨 제외).

1) 충렬왕 3년(1277) 원나라 세조의 딸 제국대장공주(1258~1297)가 데리고 온 사속인은 다섯 사람이었다. 이들 가운데 홀날대(忽涅戴)는 인후(印候)라 하고, 회회인(回回人) 삼가(三哥)는 장순용(張舜龍)이라 하고, 차홀대(車忽戴)는 차신(車信)이라 하고, 하서국(河西國) 사람 식독아(式篤亞)는 노영(盧英)이라 하고, 오십팔(五十八)은 정공(鄭公)이

라 했다고 한다(《고려사》).

2) 안정복은 《동사강목》에서, "충렬왕 때 원나라 죄인 40명을 제주에 보내 제주의 원나라 10성이 되었으며 명나라 초기에는 운남의 양왕 가속을 제주로 옮겨 원(元), 양(梁), 안(安), 강(姜), 대(對)의 다섯 성을 삼고 본을 운남으로 삼았다"고 하였다.

3) 《문헌비고》에는 이런 기록도 있다. 참봉 우기성(牛起聖)이란 사람이, "본디 자기 집안은 목주(木州)의 우(于)성인데 고려 태조께서 우(于)를 우(牛)로 쓰게 하였으므로 성을 다시 우(于)로 바꿔 주십시오"하고 상소했으나 증거가 없다고 허락하지 않았다. 진세추(秦世樞)란 사람도 본디 성이 김(金)인데 조부께서 원나라에 갔을 때 황제의 노여움을 사 죽이려 하므로 고려에서 성을 진(秦)이라 변명해 주었으므로 살려 주었다면서 성을 김(金)으로 바꿔 달라고 상소했으나 증거가 없다고 허락하지 않았다.

(8) 제주 몽고 목장 관련 성씨

1) 청주 좌(左)씨

원나라 때 변경(汴京)에 살다가 고려 말에 제주 목관으로 왔던 좌형소(左亨蘇)가 시조이다. 《문헌비고》에는 제주 대정 좌씨라 했으나 본디 중국 좌씨의 고향인 산동성의 청주(靑州)로 본관을 바꿨다.

- 청주 좌씨 : 3,310명
- 제주 좌씨 : 436명
- ※ 합계 : 3,746명

2) 태안 이(李)씨

《문헌비고》에는 원나라 이장(李蔣)이 탐라 군민 만호로 와서 태안 이씨 시조가 되었다고 하였다. 이 집안 족보는 이와는 달리 925년 고려 태조 8년에 귀화한 송나라 사람 이욱(李煜)이 시조라고 주장한다.

• 인구 : 4,084명

※ 제주도에 귀화한 원나라 10성은 《여지승람》에 다음과 같이 나와 있다.
조(趙), 초(肖), 강(姜), 장(張), 정(鄭), 송(宋), 주(周), 이(李), 진(秦), 석(石)

※ 원나라에서 온 것으로 보이는 대원(大元) 본관 성씨는 《문헌비고》에 다음과 같은 성들이 있다.
대원 김(金), 대원 유(兪), 대원 노(盧), 대원 방(龐), 대원 노(路), 대원 노(魯), 대원 갈(葛), 대원 송(宋)

※ 2000년 11월 1일자 통계조사 결과 몽고 귀화 씨족으로 보이는 제주 본관 성씨 인구는 다음과 같다.

• 제주 강(姜)씨 : 4,798명	• 제주 이(李)씨 : 1,578명
• 제주 초(肖)씨 : 70명(23호)	• 제주 장(張)씨 : 221명
• 제주 정(鄭)씨 : 412명	• 제주 진(秦)씨 : 256명
• 제주 송(宋)씨 : 368명	※ 합계 : 7,703명

(9) 원나라 공주 배종(陪從) 귀화 성씨

1) 곡산 연(延)씨

중국 남양의 연수창(延壽菖)이 1277년 충렬왕비인 제국공주(1258~1297)를 배종하고 와서 황해도 곡산에 정착했다.

- 인구 : 25,020명

2) 청주 양(楊)씨

중국 한나라 서촉 명족이다. 1277년 충렬왕비인 제국공주를 따라온 양기(楊起)가 시조이다. 남원, 안악, 밀양, 중화 본관으로 갈렸다.

- 청주 양씨 : 23,282명
- 밀양 양씨 : 4,477명
- 남원 양씨 : 52,197명
- 중화 양씨 : 5,468명

3) 연안 인(印)씨

몽고 사람 홀라대(忽剌歹)가 충렬왕비 제국공주를 따라와 인후(印侯)라는 성명을 하사 받고 연안 인씨 시조가 되었다. 강화 본관 인씨는 297년 신라에 사신으로 온 인서(印瑞)가 시조로 강화에 정착했다고 주장한다.

- 연안 인씨 : 588명
- 해주 인씨 : 421명
- 교동 인씨 : 17,448명
- 강화 인씨 : 1,286명

4) 순천 도(陶)씨

중국 요임금을 도당(陶唐)씨라 하고 그의 아들을 고도(皐陶)씨라 한다. 그 후손들이 도(陶)씨이다. 당나라 때 산동 청주의 낙안 땅 성씨이다. 원나라 사람 도구원(陶球元)이 1296년에 충렬왕비인 원나라 제국공주를 따라 들어와 순천 죽청리에 자리 잡았다.

　• 순천 본관 : 757명(10본 총 인구 : 1,809명)

5) 거제 반(潘)씨

　중국 반씨는 하남성 영양이 본거지다. 원나라 반고(潘皐)가 충렬왕비 제국공주를 따라와 정착했다. 《문헌비고》에는 요동 반씨를 따로 적고 당나라 투화인이라 했다.

　• 인구 : 10,063명(4본 합계 23,216명)

6) 풍천 임(任)씨

　중국 절강성 소흥부 자계현 사람 임온(任溫)이 1277년 충렬왕비 제국공주를 배종해 와 풍천에 정착했다고 주장한다. 장흥 임씨도 같은 소흥 사람으로 임호(任灝)가 풍천 임씨보다 빠른 고려 정종(945~949) 때 전남 장흥 임씨도에 정착했다.

　• 장흥 임씨 : 24,523명(중복)　　　• 인구 : 99,986명

7) 덕수 장(張)씨

　아랍 사람으로 원나라에 와서 필도치〔必闍赤〕 벼슬을 살던 장경(張卿)의 아들 순용(舜龍)이 1277년 충렬왕비 제국공주를 따라와 경기도 개풍군 덕수에 정착했다. 《고려사》에는 그를 회회인이라 하고 본디 이름이 삼가(三哥)라 했다. 《문헌비고》에는 이 장씨 이외에 갑산(甲山)에 살던 여진 귀화 성씨인 장씨와 제주에 정착한 원나라 장씨, 명나라 때 귀화한 대명(大明) 장씨가 있다고 덧붙이고 있다.

　• 제주 장씨 : 221명(68가구)　　　• 인구 : 21,006명

8) 금성 범(范)씨

1277년 산서성 고평과 하남성 영양 명족 범승조(范承祖)가 충렬왕비 제국대장 공주를 배송하고 왔다가 나주 복용(지금의 광주시 평동)에 정착했다.

• 인구 : 3,316명

9) 홍천 피(皮)씨

원나라 장군 피위종(皮謂宗)이 충렬왕 때 홍천에 정착했다.

• 인구 : 1,143명

10) 개성 방(龐)씨

중국 섬서성 시평의 씨족이다. 1351년 공민왕비 노국공주를 따라왔다. 조선왕조시대에 귀화한 태원 방씨도 있다.

• 인구 : 847명(태원 방씨 5명)

11) 개성 노(路)씨

중국 노씨는 한나라 때 노 땅에 봉해진 황제 후손의 성씨이다. 한반도에는 원나라 노국공주를 배종하고 들어와 개성에 정착했다. 《문헌비고》에 대원(大元) 노씨가 있다.

• 인구 : 3,048명

12) 안음 서문(西門)씨

원나라 하남성 출신 서문기(西門記)가 공민왕비 노국공주를 따라왔다. 《여지승람》에는 청주목 속성(續姓)이라고 했다.

• 인구 : 1,861명

13) 곡부 공(孔)씨

중국 공씨는 은나라가 망할 때 기자와 함께 삼인(三仁)으로 일컬었던 미자 계(啓)의 후손 집안이다. 공자는 계의 14세손이다. 한반도에 온 이는 공자의 52세손 공소(孔紹)로 1351년 공민왕비 노국공주를 배종해 창원 본관을 얻었다. 다만 이색(李穡, 1328~1396)은 처음 고려 합천 감읍현에 산 이는 공소의 손자 공부(孔俯)로 공소설과 다르다고 지적한 바 있다. 창원 본관 공씨들은 1794년 중국 본관과 같은 곡부로 본관을 바꿨다.

• 인구 : 73,093명

14) 문경 전(錢)씨

1351년 중국 오흥 명족 전유겸(錢惟謙)이 공민왕비인 노국공주를 배종하고 문경에 정착했다.

• 인구 : 5,535명

15) 황주 변(邊)씨

중국 변씨는 유원(柔遠) 사람 변순(邊順)이 원나라 천호를 지냈는데, 그의 손자 변안열(邊安烈)이 공민왕비 노국공주를 따라 왔다. 원주 변씨도 같은 후손이다. 황해도 장연(長淵)에 본관을 둔 변씨는 중국 주나라 사람 변유령(邊有寧)을 시조라 한다. 장연 변씨는 황주 변씨에 앞서 고려 인종 때 귀화했다고 한다. 당나라 투화 성씨로 경주 안강(安康) 변씨도 있었다.

196

- 황주 변씨 : 6,848명   · 장연 변씨 : 1,931명
- 원주 변씨 : 37,505명   · 경주 변씨 : 862명
- ※ 변씨 15본 합계 : 52,869명

16) 회산 감(甘)씨

고려 공민왕비인 원나라 위왕의 딸 노국대장 공주를 따라 1351년에 왔다는 감규(甘揆)가 시조이다. 《문헌비고》에는 우왕 때 합포의 아전 감성조(甘成朝)가 있는데 상고할 수 없다고 적고 있다. 《여지승람》에는 합포 감씨는 당에서 왔다고 했다. 중국 감씨는 산동의 발해군과 단양에서 살았다. 평안도 부령에도 감씨가 있었다.

- 인구 : 5,998명

17) 죽산 음(陰)씨

중국 섬서성 시평 사람 음준(陰俊)이 1351년 공민왕비 노국공주를 따라와 죽산에 정착했다.

- 인구 : 2,260명

18) 용강 팽(彭)씨

《문헌비고》는 팽조적(彭祖逖)이 고려 의종 때 학사이며 시조라 했으나, 이 집안에서는 중국 금릉(金陵) 사람 팽적(彭逖)이 공민왕비 노국공주를 따라와 평남 용강현에 정착했다고 주장한다. 《여지승람》에는 용강 팽씨는 본디 밀양이 본관이라 적고 있다. 절강(浙江) 팽씨는 명나라 장수 팽우덕(彭友德)의 후손들이 김해에 정착했으나 절강 본관을 쓴다.

- 용강 팽씨 : 1,247명   · 절강 팽씨 : 1,578명

19) 연안 나(羅)씨

시조 나세(羅世, 1320~1397)는 고려 우왕 때 장군으로 본디 원나라 사람이며 공민왕 때 홍건적과 왜구를 치는 데 공을 세워 연안군에 봉군되었다. 《문헌비고》에 연주 나씨가 있었으나 지금은 없다. 같은 이름 나세를 나주 나씨들은 연안군파라 하는데 이 집안은 충남 서천 지방에 산다.

20) 하남 정(程)씨

공민왕비 노국공주가 고려에 올 때 따라온 중국 하남 정씨 정사조(程思祖)가 시조이다. 본디 한산(韓山) 본관을 썼다.

• 인구 : 7,766명

(10) 조선시대 귀화 성씨

1) 여진족의 귀화

고려 말엽의 《고려사》 기록이나 조선왕조 초엽의 《실록》을 보면 수많은 발해 유민과 여진족이 귀화했음이 보인다. 중국 요령성 사회과학원 부연구원 손진기(孫進己)는 발해가 망하자 20만 명 정도는 중국 한족과 여진족이 되고 10만 명 정도는 한반도로 남하한 것으로 추정했다(《동북민족원류》 303쪽). 그렇다면 발해에서 남하한 대(大)씨나 안승(安勝)의 김씨 말고도 박씨, 최씨는 이미 고려의 성을 따랐을 것이나 고구려, 발해 때 중국 성자를 썼던 사람도 수없이 많았을 것이다. 고구려나 발해를 같은 민족으로 보자면 여진이나 거란족은 고구려나 발해에 흡수되었거나 분리된 종족이므로 같은 민족에 포함시킬 수도 있을 것이다. 그러나 고려나 조선시대에 이들은 이민족으로 다뤄졌다.

916년 거란족이 요(遼)나라를 세우고 발해와 여진을 압박함에 따라 926년 발해국이 망하고 여진족은 발해 유민과 함께 한반도로 계속 도망왔다. 그러나 210년 만인 1125년 도리어 여진족이 요나라를 멸하고 금(金)나라(1115~1234)를 세워 중국의 북쪽을 모두 차지했다. 그 여진족마저 1백 20년 만인 1234년 몽고군의 공격을 받아 망하자 또 다시 한반도 유입이 시작되었으므로 고려 말기와 조선 초기는 이들의 처리가 해안을 침범하는 왜구 이상으로 큰 문제였다. 그러므로 발해족을 한민족에 포함시켜 예외를 삼더라도 여진족의 귀화는 귀화 씨족으로 다뤄야 할 것이다.

특히 고려는 개국 초기에 평안북도나 함경북도를 완전히 국토에 포함시키지 못한 터라 여진에 대하여 유화정책과 정벌을 계속하였다. 귀화인들을 남쪽으로 보내 양민의 딸과 결혼시키고 벼슬을 주었으며 북쪽 변방에는 황해도와 삼남 지방 사람들을 이주시키는 이른바 사민책(徙民策)을 썼다.

이런 결과로 평안도나 함경도 지방에 본관을 둔 성씨는 거의 없어지고 이곳 본관 성씨들이 여진 귀화인으로 기록되기 시작했으며 조선왕조 중기 이후에는 귀화의 흔적조차 없어졌다. 이를 망성(亡姓)이라 할 수 있는 바, 이 같은 현상은 이의현의 《도곡집》에 있던 성자가 1930년 성씨 조사 때 106성이 없어지고 새로운 성 58개가 생겨난 것으로도 알 수 있다. 2000년 성씨 조사에서 442개 귀화인 성이 생겨났으나 이 성들은 어느 기간이 지나면 모두 한국 기존 성씨에 편입되고 말 것이다.

조선왕조 초기 《실록》이나 《여지승람》에 기록된 여진족의 투화성은 다음과 같으나 오늘날 이 성관을 쓰는 사람은 청해 이씨 이외에는 찾아볼 수 없다.

① 청해 이(李)씨

여진족 퉁두란(佟豆蘭)이 1351년 공민왕 때 귀화해 북청에 거주했다. 그가 조선 개국 공신이자 청해 이씨 시조인 이지란(李之蘭) 장군이다.

- 인구 : 3,713가구, 12,002명

② 산수(山水) 갑산(甲山) 여진 성씨(《여지승람》)
　　최(崔), 윤(尹), 이(李), 김(金), 장(張), 강(姜)

③ 부령(富寧) 여진 성씨(《여지승람》)
　　동(童), 최(崔), 이(李), 김(金)

④ 《실록》에 나타난 여진 성씨
- 낭(浪)씨(《앙엽기》)　　• 요동 반(潘)씨
- 요동 묵(墨)씨　　• 온(溫)씨

⑤ 1073년 여진 귀화인에게 준 사성 성명 13명(《고려사》)

강적(康績), 고종화(高從化), 노수나(盧守那), 문격민(文格民), 변최(邊最), 손보색(孫保塞), 양동무(楊東茂), 위번(魏蕃), 유함빈(劉咸賓), 장대원(張帶垣), 장철충(張哲忠), 조장위(趙長衛), 한방진(韓方鎭)

⑥ 고려 말과 조선 초기 여진 귀화 기록
- 1016년 : 거란인 43호 76명 귀화
- 1017년 : 동여진 개다불(蓋多弗) 등 106명, 거란인 20호 귀화
- 1018년 : 서여진 200호 귀화
- 1023년 : 거란인 8호 24명 귀화

- 1025년 : 여진 추장 모일라(毛逸羅), 야고가(耶古伽)에게 고려 관직 줌
- 1028년 : 동여진 골부(骨夫)가 500호를 이끌고 투항. 서여진 800호도 귀화
- 1029년 : 동여진 쾌발(噲拔) 등 300호 귀순
- 1032년 : 여진인 8명, 거란인 5명 귀화
- 1047년 : 동여진 몽라고촌(蒙羅古村) 등 30여 촌락 귀순
- 1059년 : 거란인 2명 귀화
- 1064년 : 흑수여진 8명, 거란인 3명 귀화
- 1073년 : 동여진 11개 촌민 귀순, 추장 13명 성명 내림
- 1078년 : 귀화 여진 14명 남쪽 주현으로 이주, 48명은 1052년에 이주, 1079년 영남 지방으로 이주
- 1081년 : 서여진 귀순자 산남 주현으로 이주
- 1093년 : 동여진 26명 투항
- 1105년 : 요나라 사람 귀화
- 1117년 : 여진인 89명, 거란인 18명 귀화, 거란인 남경에 이주 정착
- 1229년 : 동여진 40명 귀화

⑦ 화척(禾尺)과 거란장(契丹場)

달단(韃靼)족은 본디 흉노족으로 동호(東胡)와 합해 거란인이 되기도 하고 실위(室韋)족과 합해 요(遼)나라 때 달단이라 불리다가 뒤에 몽고족에 흡수되었다. 그러므로 우리 역사에서 달단이라 부르는 종족은 여진이기도 하다. 이들은 고려 때 수척(水尺, 물짠놈), 양수척(揚水尺), 또는 화척(禾尺)이라 불렸으며 집시처럼 유랑을 하면서 육류 판

매, 수렵, 피혁 제조, 버들고리 등 제작업에 종사하였다. 조선조에 접어들어 동화시키기 위해 백정(白丁)을 삼아 각 고을에 나눠 정착시켜 양민과 혼인케 하고 갑사별패, 시위패 등 군대에 편입시키기도 했다.

거란장은 거란 유민들이 고려에 몰려와 그들끼리 살면서 요나라 부흥운동을 일으키기도 하고 만주 지방에 대한 거란 침공에 내응하기도 했다. 몽고가 원나라를 세우고 거란 유민 세력이 약화되자 고려는 이들을 각 고을에 나눠 토착시키고 이들이 사는 곳을 거란장이라 불렀다.

2) 운남(雲南), 안남(安南)인의 귀화

중국 명나라 태조 주원장(朱元璋)은 1368년 원나라를 멸했다. 3대 황제인 성조(成祖, 1403~1424)는 운남을 쳐서 이곳 양왕(梁王)과 그 가속들을 제주로 보내 살게 했으며 운남 본관의 양(梁), 안(安), 강(姜), 대(對)씨 성을 가졌다. 이 무렵 명나라는 북원(北元)의 달달친왕(親王) 등 80여 호를 제주로 옮겨 살게 했다.

① 화산 이(李)씨

베트남의 이공온(李公蘊, 1009~1028)왕조는 9대만인 소황(昭皇, 1224~1225)을 마지막으로 진승(陳承)왕조에게 망했다. 이때 황족이었던 이용상(李龍祥)이 1226년 고려에 망명해 황해도 화산(花山)에 정착했다.

• 화산 이씨 : 1,775명

② 밀양 이(異)씨

당나라 덕종(德宗, 780~804) 때 운남왕 이모수의 후손이 한반도에 건너왔다고 한다. 《문헌비고》에는 밀성, 동성, 남원본이 실려 있으며 밀성 이씨는 고려 때 좌복야를 지낸 이응보(異膺甫) 후손이라 했다.

- 밀성 이씨 : 590명
- 동성(童城) 이씨 : 476명
- 남원 이씨 : 437명
- ※ 합계 : 1,703명

③ 정선 이(李)씨

안남의 남평왕 건덕(健德)의 셋째 아들 이양혼(李陽焜)이 송나라 휘종(1101~1125) 때 피난 와서 경주에 정착했다. 9세 때 정선으로 옮겼다.

- 인구 : 3,657명

④ 운남 강(康)씨

《문헌비고》에 운남 강씨가 나온다. 2000년 인구 통계에 15호 63명이 조사되었다.

※ 1427년(세종 8) 남만 귀화인 우신(禹信)에게 결혼해 살게 했다. 후손은 알 수 없다.

※ 1626년에 한국에 귀화한 네델란드 사람 벨테브레(Weltevree)에게 박(朴)씨 성을 주었고, 같은 네델란드 사람으로 36명이 표류한 하멜(Hamel) 일행에게는 남(南)씨 성을 주었으나, 오늘날 그 후손을 자칭하는 한국인은 없다. 하멜 일행 가운데 1명은 잔류했다. 하멜 일행 가운데 축구 감독 히딩크와 같은 성을 쓴 사람도 있었다.

3) 위구르(Uyghur, 回鶻) 사람의 귀화 성씨

① 임천 이(李)씨

《여지승람》 충청도 임천(林川) 성씨 항목을 보면 고려 때 외오아국(畏吾兒國, 위구르) 사람 이현(李玄)이 귀화하여 통역에 공로가 있으므

로 임천을 본관으로 주었다는 기록이 나온다. 《문헌비고》는 이현이 장
흥부사였다고 적고 있다.

  • 인구 : 704명

  ② 덕수 장(張)씨

《고려사》에 회회인(回回人) 삼가(三哥) 등 4명이 1277년 충렬왕비
를 따라왔다는 기록이 있다. 그는 귀화해 장순용(張舜龍)이라 했으며,
조정은 개풍군 덕수에 살게 했다(원나라 때 귀화 성씨 편 참조).

  • 인구 : 21,006명

  ③ 경주 설(偰)씨

회골(回鶻, 터키·위구르) 사람으로 중국 설연하변에 살아 설씨라고
한 설손(遜)이 원나라가 망할 때 고려에 망명해 통역 일을 맡았으며,
조정은 그에게 경주 본관을 주었다.

  • 인구 : 3,298명

※ 1407년 일본에서 온 회회(回回) 사람 도노(都老)가 처자와 함께
   귀화한 기록이 있다.

4) 조선왕조 초에 귀화한 성씨

  ① 경주 빙(氷)씨

명나라 빙여경(氷如鏡)이 세조 13년(1467년) 조선에 왔다.

  • 인구 : 726명

② 영월 장(莊)씨

중국 감숙성 천수 지방에 뿌리를 둔 장숙(莊淑)이 세종(1418~1450) 때 토산현감을 지냈다. 《여지승람》 금천(衿川) 군성에 나온다.

• 인구 : 648명

③ 진주 낭(浪)씨

강소성 양주 출신 명나라 병부상서 낭초(浪礎)가 황해도 옹진에 다달아 정착했다고 한다. 《여지승람》에 없던 성씨이나 《동국문헌비고》에는 진주와 양주 낭씨가 나온다.

• 인구 : 341명

④ 강음 단(段)씨

중국 강소성 강음 사람 단일하(段一河)가 중종(1506~1544) 때 조선에 건너왔다고 한다.

• 인구 : 1,429명

⑤ 순창 옹(邕)씨

《문헌비고》에 순창 사람 옹몽진(邕夢辰)이 명종(1545~1567) 때 문과 중시에 들었다고 적혀 있다. 중국의 성씨에 옹씨가 있다.

• 인구 : 772명

5) 임진왜란과 명나라 폐망 때 귀화 성씨

① 소주 가(賈)씨

중국 강소성 소주 사람 가유약(賈維鑰)이 1597년 정유재란 때 명나라 원병 장수로 와서 전사했다. 1664년 명나라가 청나라에 망하자 그의 손자 심(琛)이 울산에 망명했다. 임진왜란 전의 기록인 《여지승람》에 태안(泰安), 예안(禮安), 용담(龍潭)의 토성조에 나와 있다. 2000년 통계에는 3군의 본관 가씨가 없다. 중국 본으로 합한 것 같다.

• 인구 : 9,090명

② 무산 강(康)씨

《전고대방(典故大方)》에 임진왜란 때 원병으로 온 명나라 우협장 강세작(康世爵)의 후예가 1637년 망명해 무산(茂山)에 살았다 했다. 2000년 통계에는 없다.

③ 파릉 호(胡)씨

《전고대방》에 중국 악양 사람 호사표(胡士表)가 명나라 이부상서 벼슬을 하다 명나라가 망해 가자 가평에 망명했다가 함경도 북청에 와서 살았다 했다. 호씨 족보에는 시조를 호극기(胡克己)라 했다.

• 인구 : 1,668명

④ 광동 진(陳)씨

1597년 명나라 제독으로 이순신 장군과 노량해전에 참가한 진린(陳璘)의 손자 영소(泳漈)가 1662년 명나라가 망하자 조부의 연고지인 완도 고금도에 와서 정주했으며, 후손이 해남 산이면 황조동에서 일가를 이루고 산다.

• 인구 : 715가구, 2,320명

⑤ 영양 천(千)씨

중국 영양 사람 천만리(千萬里)가 명나라 지원병 장수로 조선에 왔다가 두 아들과 함께 조선에 정착했다. 임진왜란 전에 지은 《여지승람》 한성부 북부 속편 성씨에 천(千)씨 성이 있고, 전라도 고산(高山)현 토성에도 천씨가 있었다. 그러므로 천씨 모두가 명나라 장군 자손은 아닐 것이다.

• 영양 천씨 : 73,118명　　※ 30본 총계 : 103,811명

⑥ 파릉 초(楚)씨

명나라 사람 초해창(楚海昌)이 1644년 명나라가 위기에 빠지자 성산에 망명했으며 후손들이 함평과 명천에 나뉘어 살았다.

• 인구 : 74가구, 281명

⑦ 회양 이(李)씨

명나라 요동총병 이여송(李如松) 장군의 손자 응조(應祖)가 명나라가 망하자 회양에 와서 이름을 응인(應仁)으로 바꿔 살았다.

• 회양 이씨 : 110가구, 349명

⑧ 강화 이(李)씨

명나라 총병 이여매(李如梅)의 손자 성룡(成龍)이 강화에 와 살았다. 오늘날 강화 이씨는 시조를 고려 초 이대평(李大平)이라 한다.

• 강화 이씨 : 508가구, 1,699명

⑨ 합천 마(麻)씨

명나라 제독으로 정유재란에 지원군으로 왔던 마귀(麻貴)의 증손 순상(舜裳)이 귀화하여 합천에 살았다. 먼저 고려 태조 때 한국에 온 마원(麻煖)의 후손은 영평(永平) 마씨이다.

• 합천 마씨 : 425명　　• 영평 마씨 : 500명

⑩ 강화 만(萬)씨

임진왜란 때 명나라 지원군 경리사 만세덕(萬世德)의 후손이 귀화해 강화에 살았다(《전고대방》). 진나라 필만의 후손인 만세(萬歲)는 고려 태조 15년(932년) 대광이 되었다. 개성 본관은 그 후손이다(《문헌비고》).

• 강화 만씨 : 76명　• 개성 만씨 : 12명
※ 만씨 10본 합계 : 172명

⑪ 해주(성주) 석(石)씨

명나라 병부상서 석성(石星)의 둘째 아들 석천(石洊)이 아버지가 옥사하자 성주에 정착하고 큰아들도 해주로 건너왔다. 고려 명종 때 상장군이 된 충주(홍주) 본관 시조 석린(石隣)이 있다.

• 성주 석씨 : 425명　　• 해주 석씨 : 942명
• 충주 석씨 : 35,461명　※ 석씨 총계 : 46,066명

⑫ 강화(청송) 사(史)씨

중국 산동 출신 사요(史繇)는 명나라 예부상서로 1372년 반역을 꾀했

다고 모함을 받자 고려에 망명해 파주군 월롱면 유전리에서 살았다. 청주와 파주를 본관으로 삼았다. 고국에 두고 온 큰아들의 8세손 세용이 정유재란에 참가해 귀화한 뒤 먼저 온 집안에 합해 청송 사씨가 되었다.

• 인구 : 9,756명

⑬ 절강 편(片)씨

중국 절강 사람 편갈송(片碣頌)이 명나라 군대의 총절제사로 정유재란에 참가한 뒤 경주 오산에 정착했다. 창원과 결성, 금산 등지에 그 후손들이 산다.

• 인구 : 10,678명

⑭ 절강 시(施)씨

중국 절강 출신 명나라 장수 시문용(施文用)이 왜병과 싸우다가 부상하자 성주에 눌러앉아 살았다.

• 인구 : 2,121명

⑮ 대명 전(田)씨

명나라 병부상서 전응양(田鷹揚)의 후손들이 통진에 망명했다.

• 인구 : 1,701명

⑯ 절강 장(張)씨

중국 절강 사람 장해빈(張海濱)이 정유재란 때 지원군으로 종군했다가 부상하자 군위에 잔류했다.

• 인구 : 3,300명

⑰ 전주 추(秋)씨

한국의 추씨는 고려 인종(1122~1146) 때 추엽(秋饁)이 함흥에 정착한 것이 기원이다. 그 후손이 경기도 용인 땅 추계를 본관으로 가졌다. 같은 중국 추씨인 추수경(秋水鏡)은 정유재란 때 전사해 완산부원군에 추봉되었다. 엄격하게 따지자면 고려 때 귀화 성씨이다.

• 전주 추씨 : 2,670명

⑱ 절강 서(徐)씨

절강 출신 명나라 도총관 서학(徐鶴)이 정유재란 때 지원군으로 왔다가 경북 성주 대방동에 잔류해 정착했다.

• 인구 : 186가구, 623명(서씨 편 중복)

⑲ 금화 반(潘)씨

《전고대방》에 명나라 사람 반등운(潘藤雲)이 귀화해 금화(金化)에 산다고 했다. 금화는 춘천에 있다. 《문헌비고》에는 요동 반씨가 중국 투화 본관으로 나온다. 충렬왕비를 따라와 귀화한 거제 반씨가 이미 살고 있었다. 지금은 금화 반씨는 없고 요동 반씨 3가구 10명이 있다.

⑳ 태원 김(金)씨

정유재란 때 복건성 성도어사 김학증(金學曾)이 전쟁에 참여했는데 1627년 그의 아들 평(坪)이 김해에 와서 살았다. 중국 산서성의 고향을 따라 본관을 산서성 태원(太原)이라 했다.

• 인구 : 2,557명

210

㉑ 전주 호(扈)씨

명나라 이여송의 부장 호준(扈浚)이 임진왜란 뒤 귀화했다. 이에 앞서 고려 때 호은열(扈殷說)을 시조로 하는 보안(부안) 호씨가 있었다.

• 전주 호씨 : 1,910명   • 보안 호씨 : 226명

㉒ 진양 화(化)씨

명나라가 망하자 임진왜란 때 마귀 장군의 기병장을 맡았던 화명신(化明臣)의 후손 화섭(化燮)이 명월에 망명한 뒤 진양으로 옮겨 살았다.

• 인구 : 945명

㉓ 수원 요(姚)씨

중국 오흥 지방에서 살던 사람이 임진왜란 무렵 한반도에 건너와 정착했다. 고려 태조 때 기록에 이미 요인휘(姚仁暉)라는 사람이 나온다.

• 인구 : 198명

㉔ 진주 동방(東方)씨

중국 제남을 중심으로 사는 동방삭의 후손이라 하나 도래 시기가 불분명하다. 1792년 정조 때 동방숙(東方淑)이 과거에 급제한 기록이 있으나 《여지승람》 때는 없었다.

• 인구 : 220명

6) 봉림대군을 배종하고 조선에 온 중국인

① 임구 풍(馮)씨

현재 임구(臨朐) 풍씨들이 시조로 받드는 산동 사람 풍삼사(馮三仕)는 병자호란 뒤 인질로 심양에 붙들려 있던 봉림대군(1619~1659)을 따라 조선에 왔다. 봉림대군은 1649년 즉위 효종이 된다.《문헌비고》에는 경주, 장단, 산동의 세 본관이 있다고 했다. 임구는 중국 산동에 있는 지명이다.

• 인구 : 586명

② 낭야 정(鄭)씨

산동 낭야 사람 정선갑(鄭先甲) 등은 패망한 명나라 부흥을 모의한 죄목으로 심양에 포로로 수용되었다가 봉림대군을 만났다. 정선갑, 풍삼사, 왕이문, 황공 등 9명은 복명(復明) 운동을 펼치다 뜻을 이루지 못하자 봉림대군을 따라 서울에 와서 연지동에 황조인촌(皇朝人村)을 이루고 살았다. 숙종 때 비원에 9의사 대보단을 만들어 제사했다.

• 인구 : 1,088명

③ 제남 왕(王)씨

명나라 왕봉강(王鳳崗)은 1645년 청나라에 붙잡혀 심양 포로소에 수용됐을 때 봉림대군을 만났으며, 마침내 대군을 따라 서울에 와 살았다. 이름을 이문(以文)으로 바꿨다.

• 인구 : 792명

※《전고대방》은 봉림대군을 따라온 9명의 이름이 모두 기록되어
있다.
황공(黃功), 왕문상(王文祥), 왕이문(王以文), 왕미승(王美承),
풍삼사(馮三仕), 배삼생(裵三生), 정선갑(鄭先甲), 양복길(楊福
吉), 유계산(柳溪山).

(11) 일본인의 귀화

일본은 백제, 고구려, 신라, 발해 등과 밀접한 교류를 갖고 있던 이
웃 나라다. 이러한 관계로 815년에 만들어진 일본의 《신찬성씨록》에는
한반도계 씨족성 2백 개가 실려 있다. 그렇다고 일방적으로 한반도 사
람들이 일본 땅에 건너가 도래인(渡來人)의 선조가 되었던 것만은 아니
다. 《여지승람》에는 신라 때 경북의 경산(慶山)과 충북 괴산(槐山)에
살던 일본 투화인들의 성씨 14성이 실려 있다.

해방 뒤 그처럼 혐오하던 일본인들이 귀화해 일본성을 갖고 사는 귀
화 복성(複姓)만 4성이고 1985년 이후 귀화한 일본인들도 古田, 吉岡,
吉省 등 139명에 이르고 있다.

이를 보더라도 고려 말과 조선왕조 초에 제 집처럼 드나들면서 한반
도를 약탈했던 일본인들이 귀화해 살지 않았다고 할 수 없다. 《고려
사》를 보면 999년 일본인 도요미도(道要彌刀) 등이 귀화한 기록을 시
작으로 현종 때인 1012년 일본인 반다(潘多) 등 35명이 귀화했고, 예종
때인 1039년 26명, 1398년 9명의 귀화 기록이 나온다.

조선왕조 개국 뒤 일본에 유화책을 쓴 세종 때인 1438년 왜 삼포(三
浦) 시절 동래 부산진에 350명, 울산 염포에 120명, 창원 내이포에

1,500명이 집단으로 상주했다.

1437년에는 辺三浦羅 등 24명이 귀화했다. 1425년에는 일본인 귀화인에게 김호심파(金好心波), 김대양(金大陽) 등 성명을 하사하기도 했고 1426년에는 池文, 1435년에는 平元海, 平順 등의 일본인 귀화인 이름이 나온다. 또 1445년《실록》에는 일본 귀화인 이름 표사온(表思溫)이 있다. 임진왜란 때 가등청정(加藤淸正)의 좌선봉장이었던 김충선(金忠善)은 대표적인 귀화 사례이다.

《여지승람》에 나와 있는 경주와 안강의 2성, 괴산군 12성 등 오늘날 그 후손으로 보이는 인구는 괴산 점(占)씨 198명, 괴산 이(李)씨 664명뿐이다. 이처럼 일본인 귀화 성씨들은 대부분 망성(亡姓)이 되었으므로 그 후손들은 기존의 한국 성씨에 흡수되었다고 할 것이다.

※ 김해 본관 일본계(경북 달성군 가창면 우륵동 정착)
  • 인구 : 29,880가구, 199,544명

(12) 시기 미상 중국인 귀화

1) 태인 시(柴)씨

고신(高辛)씨의 후손이다. 고려 현종 때 시신운(柴臣雲)이라는 홍화진두가 있었다. 고려 때 두 고을(태인과 금화)의 토성으로 나온다. 귀화 시기는 불명하다. 시기 미상의 성씨들은《문헌비고》의 분류에 따른 것이다. 성씨에 따라 스스로 중국 귀화 성씨라 하는 집안들이다.

  • 인구 : 623명

2) 평산 소(邵)씨

중국 소씨는 산동성 박능(朴陵)에 뿌리를 둔 집단이다. 한반도에는 고려 때 이미 여러 고을 토성으로 나오고 있으나 도래 시기는 분명치 않다.

《문헌비고》는 15본관을 적고 평산 소씨 인물로 고려 명종 때의 소광인을 소개하고 있다. 이 책에는 경주 안강 소(邵)씨는 당나라 투화인이라 했다. 오늘날 경주를 본으로 쓰는 소씨는 271가구, 827명이다. 《여지승람》은 경주 안강에 당나라 투화 성씨 8성을 적고 있다.

- 인구 : 9,904명(진주 본관 5,381명)

3) 진주 강(疆)씨

《문헌비고》에 없다가 1930년 통계 때 나타났다. 후한 광무제(25~57) 후손으로 부풍에 살았다. 귀화 시기는 불명하다.

- 인구 : 13,326명

4) 비옥 원(袁)씨

중국 진나라 공자 원도도의 후손 원뇌보(袁賚輔)가 시조라 하지만 정확하지 않다.

- 인구 : 1,104명

5) 안산 여(汝)씨

중국 강릉에 여씨가 있다. 《문헌비고》에 없던 성이다.

- 인구 : 358명

6) 담양 국(國)씨

백제 8대 성의 하나였다. 고려나 조선 중기에 없다가 근래 6본이나 생겼다. 명나라에서 왔다는 대명(大明) 본관도 있다.

- 인구 : 2,182명(대명 국씨 287명)

7) 남원 군(君)씨

조선 중기까지 없던 성씨이다. 중국 주나라 때 성으로 산서성 지방에 많다.

- 인구 : 46명

8) 교동 뇌(雷)씨

중국 예장과 풍익 지방 성씨로 청나라 때 뇌이성(雷以誠)의 후손이 강화도 교동에 와 살았다고 주장한다. 실제로 《여지승람》에 교동현의 성으로 기록되어 있다.

- 인구 : 80명

9) 충주 매(梅)씨

《여지승람》 충주목 성씨 항목을 보면 매씨가 나온다. 중국 제남성으로 사성했다는 주기(註記)가 붙어 있다.

- 인구 : 222명

10) 개성 반(班)씨

《문헌비고》에 초(楚)나라 종실 후손이라 했으나 국내에 3본(本)이 있을 뿐 그 귀화 시기를 알 수 없다.

· 인구 : 2,955명

11) 광주 방(邦)씨

광주, 무안 등 전남에 본관을 둔 이 집안은 명나라 당왕(唐王, 1645년) 때 강소성 진강(鎭江) 사람 방포(邦苞)가 왔다고 한다.

· 인구 : 1,547명

12) 진주 서(西)씨

《문헌비고》와 《여지승람》에 없는 성씨이다. 중국 서씨는 서문(西門)씨에서 나왔다.

· 인구 : 1,022명

13) 나주 아(阿)씨

《문헌비고》에 3본이 있다. 동진(東晉) 안제(安帝) 때 사람인 아부간(阿簿干)이 시조이다.

· 인구 : 632명

14) 강릉 수(水)씨

《문헌비고》에 운제, 김해 2본이 있다. 중국 수씨는 오흥 지방 사람들이다.

· 인구 : 124명

15) 하내 순(荀)씨

중국 하내(河內) 계통의 성씨이다.

• 인구 : 1,017명

16) 파주 순(舜)씨

《문헌비고》에 임천 본관이 있었다. 중국 하동 성씨이다.

• 인구 : 120명

17) 파평 옹(雍)씨

《문헌비고》에 없던 성이다. 중국 주나라 때 생긴 성이다.

• 인구 : 192명

18) 종(宗)씨

《문헌비고》에 통진, 모압, 이파, 인의, 황원 5본이 있고 고려 태조 때 소판 종간(宗侃)을 주살했다는 기록이 있다.

• 인구 : 146명

19) 영암 종(鍾)씨

《문헌비고》에 하음, 풍덕, 안읍, 두원, 정의 등의 본관이 나온다. 중국 송나라 환공의 아들이 종(鍾) 땅 제후가 되어 성을 삼았다.

• 인구 : 506명

20) 충주 평(平)씨

조선조 인조, 선조 때 평우성(平友聖)이 있었다. 중국 여남의 성씨로 귀화 시기가 불분명하다. 《문헌비고》에는 귀화 성씨로 분류하고 있다.

• 충주 평씨 : 378명   • 진도 가흥 평씨 : 126명

21) 포(包)씨

중국 산서성 상당 지방 성씨이다. 《문헌비고》에 중국 성씨로 보고 중국 포씨는 주나라 신백(申伯)의 후손이라 했다.

- 순천 포씨 : 67명

5. 귀화 씨족 연표와 통계

1) 상고시대 귀화 성씨

성	본 관	인구(명)	도래 시기	도착지	고국 땅	비 고
韓	청주	642,992	마한	금마	중국(요하)	기자 후손
奇	행주	21,536	″	″	″	″
鮮于	태원	3,500	″	″	″	″
徐	달성 등 10본	693,954	″	이천	중국(강소)	서언왕
余(1-1)	의령	18,146	″	″	″	″
徐(1-2)	남양	2,246	신라	당성	″	
徐(1-3)	당성	4,978	″	″	″	
徐	절강	623	정유재란	경북 성주	″	
南宮	함열	18,743	기자조선		중국	
景	태인	4,639	″	평양	중국(楚)	
琴	봉화	23,489	″	김포	감숙성	
强	충주	1,620	″		″	
魯	밀양 등 9본	67,032	″	강화	섬서성(기산)	
弓	토산	562	″	황해도	중국	
柳	문화	603,084	고조선	평양	夏나라	
車	연안	161,325	″	″	″	
全	천안 등 28본	493,419	″	″	″	백제 성씨
趙	평양 등 5본	427,285	″	″	″	

소계 : 18성 63본관, 1,685,113명

2) 삼국 이전 귀화 성씨

성	본 관	인구(명)	도래 시기	도착지	고국 땅	비 고
李	고성	84,383	BC 108년	고성	漢	
羅	금성 등 15본	172,020	BC 200께	나주	漢(강서성)	옹관묘제
張	울진	20,791	전한	울진	〃	
蘇	진주	39,522	원삼국 때	진한 (경주)	〃	
소계 : 4성 18본, 316,716명						

3) 삼국시대 귀화 성씨

성	본 관	인구(명)	도래 시기	도착지	고국 땅	비 고
都	성주	52,349	고구려		중국	
黃	평해 등 4본	644,294	28년	울진	산동성	
姜	진주 등 3본	1,044,386	598년	고구려	감숙성	고구려 장군
金	진도	1,464	265년	진도	漢	
庾	무송	16,802	4세기	백제 (무송)	晉	
孫	안동	24,187	5세기	신라	절강성	
소계 : 6성 11본, 1,783,482명						

4) 통일신라시대 귀화 성씨

성	본 관	인구(명)	도래 시기	도착지	고국 땅	비 고
李(2-2)	연안	145,440	660년	통일신라	唐	
丘	평해	13,241	663년	울진	〃	
秦	풍기	11,046	660년	풍기	〃	
嚴	영월	124,697	750년께	영월	〃	
盧	광산 등 9본	220,354	755년	광주	〃	안녹산의 난
白	수원	316,535	780년	월성	당나라 소주	
周	상주 등 2본	25,049	786년	상주	唐	
南	의령 등 17본	257,178	786년	영덕	〃	
皇甫	영천	9,148	신라 말	영천	〃	
安	죽산 등 5본	637,786	807년	개성	唐(장안)	李瑗
丁	압해 등 13본	187,975	853년	압해도	〃(하남)	장보고?
張	안동 등 48본	895,036	8세기	완도	〃(소주)	장백익
呂	함양 등 4본	56,692	877년	성주	〃(소주)	황소의 난
孟	신창 등 2본	20,219	888년	신라	산동, 하북성	
崔	충주	13,466	889년		唐(산동)	애노의 난
廉	파주	53,539	907년	파주	後唐(산서성)	5계의 난
李(2~3)	성주	186,188	미상	성주	감숙성	
辛	영산 등 2본	131,287	〃	창녕	〃	
康	신천	44,259	〃	신천	절강성	
成	창녕	184,555	〃	신라	산동성	
吳	해주 등 14본	706,908	950년께	〃	절강성	
소계 : 19성 125본, 3,924,063명						

5) 당나라 8학사 귀화 성씨

성	본 관	인구(명)	도래 시기	도착지	고국 땅	비 고
元	원주	119,359	643년	남양	唐(산동성)	8학사
魏	장흥	28,675	649년	〃	〃(안휘성)	〃
洪	남양	379,708	〃	〃	〃(안휘성)	〃
房	남양	22,519	〃	〃	〃(하남성)	〃
徐(1-4)	남양	2,246	〃	〃	〃(강소성)	〃
邢	진주	5,822	〃	〃	〃(하북성	〃
方	온양	64,128	669년	온양	〃(안휘성)	사절
卞	초계	49,506	743년	?	〃(산동성)	8학사
公	김포	1,715	763년	김포	唐	당나라 18학사
諸葛	남양	4,444	836년	남양	〃	8학사
林	평택 등 8본	525,920	840년	평택	唐(산서성)	〃
殷	행주	12,241	850년	행주	〃(개봉)	〃
司空	효령	4,307	897년	효령	唐	〃
宋	남양	10,183	926년	남양	唐(강소성)	〃
陸	옥천	20,173	927년	옥천	〃(소주)	8학사
玉	의령	10,368	?		唐	8재사
吉	해평 등 2본	26,722	?	황해도	唐(섬서성)	8학사
田	남양 등 2본	6,361	?	남양	〃(산동성)	한림학사

소계 : 18성 27본, 1,294,397명

6) 고려시대의 귀화 성씨

성	본 관	인구(명)	도래 시기	도착지	고국 땅	비 고
李	태안	4,084	927년	태안	감숙성 농서	5계의 난
尹	무송	13,384	960년께	무송	後唐	〃
韋	강화	1,821	〃	강화	〃	〃
表	신창	24,822	960년	신창	감숙성	〃
連	전주	532	고려 초	전주	중국	〃
禹	단양	162,719	〃	단양	감숙성 농서	〃
任	장흥	25,984	정종	장흥	절강성 소흥	〃
池	충주	118,211	960년	충주	하남성 홍농	〃
劉	거창 등 4본	242,889	고려 초	영일	중국	
杜	두릉	5,701	1004년	김제	섬서성	
牟	함평	18,955	현종 때	함평	산동성	
李(2~5)	안성	19,739	문종 때	개성	?	
愼	거창	45,764	1068년	?	宋 개봉	
蔣	아산	17,708	예종 때	아산	宋	
鄭	서산	15,362	〃	서산	절강성	
沈	풍산	10,990	1110년	안동	〃	
余	의령	(18,146)	1120년께	의령	절강성 오흥	상고시대 중복
毛	함평(광주)	879	인종 때	함평	하남성 홍농	
郭	현풍	187,322	〃	달성	〃	
具	능성 등 18본	178,167	〃	압해도	중국 절강성	
鞠	담양	16,697	〃	담양	중국 강소성	

성	본 관	인구(명)	도래 시기	도착지	고국 땅	비 고
夏	달성	4,052	인종 때	대구	절강성	
宋	여산 등 4본	634,345	〃	여산	섬서성	
魚	함종	13,321	고려 중엽	강릉	섬서성 풍익	
閔	여흥	142,572	〃	여주	감숙성 농서	
簡	가평	2,076	의종	가평	하북성 범양	
于	목천	15,362	고려 중엽	목천	하남성	
桂	수안	6,282	〃	황해도	감숙성	
章	창녕	5,562	〃	창녕	직례성 하간	
李	태원	670	〃	북청	산서성 태원	
伊	은천	411	〃	경주	중국 반계	
陳	여양 등 6본	113,205	〃	여양	북송 복주	
葉	경주	450	고종	전남	절강성	
賓	수성	3,704	충렬왕 때	대구	산동성	
朱	신안 등 4본	156,605	1213년	압해도	중국 절강성	
宣	보성	38,849	1382년	개성	명나라	
唐	밀양	1,025	고려 말	밀양	절강성 명주	
李	상산	1,379	〃	상주	하북성 하간	
明	연안	26,746	1371년	연안	大夏	
昇	창평	810	〃	〃	〃	
睦	사천	8,191	고려	사천	하북성	
墨	광령	179	〃	광령	섬서성	
凡	안주	157	우왕 때	안주	하남성	

성	본 관	인구(명)	도래 시기	도착지	고국 땅	비 고
燕	곡산	3,205	고려	곡산	하북성 범양	
芮	의흥	12,655	〃	부계	중국	
陳	양산 등 2본	1,149	공민왕	?	산동성 양산	
秦	진주	1,582	고려	진주	산동성	
溫	금구 등 2본	5,081	고려 말엽	김제	중국	
尙	목천	2,293	미상	목천	상당	
董	진천	5,564	고려 말엽	북청	명나라	

소계 : 50성 84본, 2,337,358명

7) 몽고 지배 기간 귀화 성씨

성	본 관	인구(명)	도래 시기	도착지	고국 땅	비 고
左	청주	3,746	고려 말	제주	원나라 변경	감목관
李	태안 2	(4,084)	〃	제주	원나라	927년 중복
姜	제주	4,798	〃	〃	〃	원나라 목장
肖	〃	70	〃	〃	〃	〃
鄭	〃	412	〃	〃	〃	〃
宋	〃	368	〃	〃	〃	〃
李	〃	1,578	〃	〃	〃	제주 만호
張	〃	221	〃	〃	〃	〃
秦	〃	256	〃	〃	〃	〃

소계 : 9성 9본, 15,533명

8) 원나라 공주 배종 귀화 성씨

성	본 관	인구(명)	도래 시기	도착지	고국 땅	비 고
延	곡산	25,020	1277년	개성	원나라 남양	제국공주 배종
楊	청주 등 4본	85,424	〃	〃	원나라 서촉	〃
印	연안 등 4본	19,743	〃	〃	원나라	〃
陶	순천	757	〃	〃	산동성	〃
潘	거제	10,063	〃	〃	하남성	〃
任	풍천	99,986	〃	〃	절강성 소흥	〃
張	덕수	21,006	〃	〃	원나라	回鶻人
范	금성	3,316	〃	〃	하남성	제국공주 배종
皮	홍천	1,143	〃	홍천	원나라	장군
龐	개성	847	1351년	개성	〃	노국공주 배종
路	개성	3,048	〃	〃	〃	〃
西門	안음	1,861	〃	〃	〃	〃
孔	곡부	73,093	〃	〃	〃	〃
錢	문경	5,535	〃	〃	〃	〃
邊	황주 등 15본	52,869	〃	〃	〃	〃
甘	회산	5,998	〃	〃	〃	〃
陰	죽산	2,260	〃	〃	〃	〃
彭	용강	1,247	〃	〃	〃	〃
羅	연안	8,000여	〃	〃	〃	〃
程	하남	7,766	〃	〃	〃	〃

소계 : 20성 40본, 429,012명

9) 기타 외국 귀화 성씨

성	본 관	인구(명)	도래 시기	도착지	고국 땅	비 고
異	밀양 등 3본	1,703	800년대	밀양	운남	신라 때
李	정선	3,657	1120년대	경주	안남	고려 때
康	운남	63	고려 때	?	운남	˝
李	임천	704	˝	개성	위구르	˝
李	화산	1,775	1226년	˝	베트남	˝
張	덕수	(21,006)	1277년	˝	위구르	공주 배종 중복
李	청해	12,002	1351년	북청	여진	조선개국공신 이지란
偰	경주	3,298	1370년대	개성	위구르	통역사

소계 : 8성 10본, 44,208명(23,202)

10) 조선시대 귀화 성씨

성	본 관	인구(명)	도래 시기	도착지	고국 땅	비 고
董	진천	5,664	여말선초	북청	명나라	
史	강화(청송)	9,576	1372년 1597년	강화 청송	˝	
浪	진주	341	조선 초	옹진	강소성 양주	
張	영월	648	세종 때	영월	명나라	
氷	경주	426	1467년	경주	˝	
段	강음	1429	중종 때	?	강소성 강음	

성	본관	인구(명)	도래 시기	도착지	고국 땅	비 고
邕	순창	772	명종 때	순창	미상	
東方	진주	220	조선 중엽	진주	산동성	
姚	수원	198	1592년	수원	명나라 절강성	
賈	소주	9,090	1597년	울산	강소성 소주	명나라 원병 잔류
千	영양 등 30본	103,811	〃	서울	중국 영양	〃
片	절강	10,678	〃	경주	절강성	명나라 원군
施	〃	2,212	〃	성주	〃	명나라 원군
金	②김해	199,544	〃	달성군	일본	임란 종군 일본인
化	진양	945	〃	영월	명나라	
張	절강	3,300	〃	군위	절강성	
徐	〃	623	〃	성주	〃	
金	태원	2,557	〃	김해	산서성 태원	
扈	전주 등 2본	2,136	〃	전주	명나라	
楚	파릉	281	1644년	성산	〃	
馮	임구	586	1649년	서울	산동	봉림대군 배종
鄭	낭야	1,088	〃	〃	〃	〃
王	제남	792	〃	〃	〃	〃
陳	광동	2,320	1662년	완도	명나라 절강성	진린제독 후손
李	강화	1699	1670년대	강화	명나라 요동	이여매의 후손
石	해주(성주)	1,367	〃	해주	명나라	
胡	파릉	1,668	〃	가평	명나라 악양	
李	회양	349	〃	회양	명나라 요동	이여송 후손
소계 : 31성 60본, 369,877명						

11) 시기 미상 귀화 성씨

성	본 관	인구(명)	도래 시기	도착지	고국 땅	비 고
柴	태인	623	시기 미상	미상	미상	문헌비고
邵	평산	9,904	〃	경주 안강	산동성 박능	〃
疆	진주	13,326	〃	미상	미상	-
袁	비옥	1,104	〃	〃	〃	문헌비고
汝	안산	358	〃	〃	〃	-
國	담양 등 6본	2,182	〃	〃	〃	문헌비고
君	남원	46	〃	〃	〃	-
雷	교동	80	〃	〃	〃	문헌비고
梅	충주	222	〃	〃	〃	〃
班	개성 등 3본	2,955	〃	〃	〃	〃
邦	광주	1,547	〃	〃	〃	〃
西	진주	1,022	〃	〃	〃	〃
阿	나주	632	〃	〃	〃	〃
水	강릉	124	〃	〃	〃	〃
荀	하내	1,017	〃	〃	〃	〃
舜	파주	120	〃	〃	〃	〃
雍	파평	192	〃	〃	〃	〃
宗	통진	146	〃	〃	〃	〃
鍾	영암	506	〃	〃	〃	〃
平	충주(진도)	504	〃	〃	〃	〃
包	순천	67	〃	〃	〃	〃

소계 : 21성 29본, 36,677명

부　록

1. 중국 주요 성씨 연원

◆ 갈(葛)

백익의 자손 가운데 하남성 장갈현에 있던 갈국(葛國) 제후의 후손.

◆ 감(甘)

춘추전국시절 주(周) 양왕(襄王)의 동생 대(帶)가 하남성 낙양에 있는 감(甘) 지방을 봉지로 받아 감대(甘帶)라 하고 시조가 됨.

◆ 강(江)

순임금 후손 백익이 하남성 신양 땅 강후(江候)가 되어 자손들이 강(江)을 성으로 삼음.

◆ 강(康)

주나라 무왕이 상(商)나라 주(紂)왕을 토평하고 주 왕자 무경(武庚)을 은후(殷候)에 임명했으나 반란을 일으키자 주왕의 동생 숙이 평난에 공훈을 세워 위국(衛國) 제후가 되고 시호를 강(康)이라 한 데서 득성.

◆ 강(姜)

신농씨는 열산의 석실에서 태어났는데 그 생김새가 용(龍)을 닮아 염제(炎帝)가 되었으나 태어난 곳이 강하〔姜河, 섬서성 기산(岐山)현〕였으므로 강(姜)씨라 함.

◆ 견(甄)

순임금이 그릇을 구워 성읍을 이룬 뒤 도기(陶器)를 젠〔甄〕이라 불렀으므로 같은 음을 가진 견(甄, 중국음 zhen)자를 써서 순임금이 살던 곳을 견성(甄城)이라 하고 그 후손으로 하여금 이곳에서 도자기업을 계승시킴으로써 견씨가 생김. 하북성 중산(中山)과 하남성 일대의 명문.

◆ 고(高)

① 황제 시절 나무 위에 집 짓는 방법을 개발해 낸 유소(有巢)씨의 후손 고원(高元)이 제후가 되어 시조가 됨.
② 제(齊)나라 강태공의 강(姜)씨 8세 고해(高奚)가 제나라 국고가 된 뒤 산동성 우성현 고해 지방을 봉지로 받아 성씨가 됨.
③ 연모용(燕慕容)은 고구려 지파로 스스로 고양(高陽) 전욱(顓頊)의 후예라 하여 고씨 성을 가짐.

234

◆ 공(孔)

① 하나라를 멸하고 상나라를 세운 성탕이 시조.
② 춘추전국시절의 공부희(孔父喜) 후손 숙량(叔梁)이 노국에 와서
　 일가를 이룸. 공자의 가계임.

◆ 곽(郭)

주 무왕의 셋째가 곽(郭) 땅을 봉지로 받아 곽성이 됨. 산서, 섬서
지방의 명문. 곽국은 BC 670년에 망함.

◆ 구(具)

춘추시대 진(晉)나라 정승 구병의 자손.

◆ 구(仇)

춘추전국시절 송나라 대신 구목(仇牧)의 후손들.

◆ 국(鞠)

후직의 후예, 주나라 문왕의 선조 가운데, 낳았을 때 손에 국(鞠)자
가 쓰여 있던 국도(鞠陶)가 시조. 하남성과 안희성 경계 회하(淮河) 북
쪽 여남(汝南) 지방의 토성. 일설에 노국(魯國)의 후예라고 함. 공자
의 72제자 가운데 국어(鞠語)가 있음.

◆ 권(權)

상나라 때 호북성 형문현(荊門縣)에 있던 제후국 권국(權國)의 후손
으로 진(秦)나라 때 감숙성으로 이동. 은나라 무정(武丁, BC 1324~?)
의 자손.

◆ 금(琴)

공자 72제자 가운데 금뇌(琴牢)가 시조.

◆ 길(吉)

황제의 후손 백숙(伯儵)이 하남성 연진 지방의 남연(南燕) 봉지를 받고 길(吉)로 바꿈.

◆ 김(金)

① 황제 아들 소호(少昊)가 천금(天金)씨라 하여 김씨 일파를 이룸.
② 한 무제(BC 142~87) 때 휴도왕(休屠王)이 마굿간 감관이 된 뒤 아들 일제(日磾)가 공훈을 세워 제후가 되고 김씨 성을 받음. 문무왕비에 신라 김씨는 이 집안이라는 기록이 있음.
③ 항우의 숙부 항백(項伯)이 유방이 한나라를 세운 뒤 유백(劉伯)이라 성을 받음. 그 자손이 오월(吳越)로 옮겨 나라를 세운 전유(錢鏐, 852~932)와 같은 발음임을 피해 김씨로 성을 바꿈.

◆ 나(羅)

전욱의 후손 육종(陸終)의 여섯째 계련(季連)이 초(楚)나라를 세웠는데 그 후대에 호북성 기강 지방의 나국(羅國) 제후가 되어 나씨가 됨. 강서성 남창 구강 일대의 예장(豫章)과 호남성 장사(長沙) 지방의 명문.

◆ 노(魯)

주 왕실 집안 주단(周旦)이 노국 제후가 되고 뒤에 그 아들 백금(伯禽) 후손들이 하읍(下邑)으로 옮겨 노성을 가짐.

◆ 노(盧)

춘추시대 산동성 장청현(長淸縣) 파로읍(把盧邑)을 봉지로 받은 고계(高溪)의 후손들이 가진 성씨.

◆ 단(段)

춘추전국시절 정무공(鄭武公)의 둘째 아들 단(段)이 하남성 영양 지방 경성(京城)을 봉지로 받아 그 이름을 후손들이 성으로 함.

◆ 도(都)

춘추전국시절 정(鄭)나라 종실 도(都)의 자손으로 절강성 임안 경계 오흥 지방 명문.

◆ 도(陶)

① 요임금이 그의 형 지(摯)가 집권했을 때 산동성 정도현의 도구(陶丘)에 피봉되어 그 고을를 도당(陶唐)이라고 함. 자손 가운데 일부가 도씨가 됨.

② 서주 시절 순임금 자손 가운데 도자기업을 관장하는 도정(陶正) 벼슬을 했으므로 그 자손이 관직을 성으로 함.

※ 안휘성 섬서 지방에 있던 단양(丹陽)의 명족으로 진나라 때 도연명을 배출.

◆ 마(馬)

① 백익의 자손.

② 소호의 후손 월사(越奢)가 춘추전국시절 월나라 마복군(馬服君)에 피봉된 뒤 취성. 섬서성 홍평현 부풍(扶風) 지방의 명문. 한

나라의 마원(馬援), 촉나라의 마초(馬趫) 등의 인물 배출.

◆ 맹(孟)

본디 희(姬)성에서 분화, 춘추 노장공(魯庄公) 시대 공손(公孫) 망의 호가 맹손(孟孫)으로 맹씨의 시조가 됨.

◆ 명(明)

주시대 진(秦)나라 맹명시(孟明視)의 자손.

◆ 모(毛)

① 주나라 무왕 때 섬서성 부풍현 모공국(毛公國)에 피봉된 주 무왕의 외숙 숙정(叔鄭)이 시조.

② 주 무왕이 하남성 의양에 있던 모읍국(毛邑國) 제후에 봉한 우왕의 동생 모백명(毛伯明)이 시조.

◆ 모(牟)

전욱의 손자 중여(重黎)는 축융(祝融)에 봉해진 화신(火神)임. 그 후손이 산동성 내우현 모국(牟國) 땅에 피봉된 데서 성을 모(牟)라 함.

◆ 문(文)

① 주 무왕은 BC 1134년 나라를 개국한 뒤 같은 희(姬)성 종문들을 55개 지방에 제후로 임명한 뒤 각각 새 성씨를 주었다. 무왕의 아버지를 문왕(文王)이라 추앙했으므로 자손들 일부가 문(文)을 성으로 하였다.

② 주 문왕이 문숙(文叔)을 하남성 허창(許昌) 지방 허국(許國)의

제후로 삼았는데 그 자손들이 성을 문(文)으로 함.

③ 전국 시절 제나라 위왕 손자 전문(田文)의 자손이 문씨가 되었음.

◆ 민(閔)

상나라 주왕을 토멸하는데 공을 세운 요(夭)가 민(閔) 지방 제후가 되어 시조가 됨.

◆ 박(朴)

사천성 강북현(江北縣) 소수 민족의 성씨. 옛날에는 강북현을 박호(朴胡)라 했으나 한나라에 속한 뒤 파군(巴郡)이 됨.

◆ 반(潘)

춘추전국시절 성왕(成王, BC 790~782)의 신하 숭(崇)이 받은 봉지명 반(潘, 하남성)을 따라 성으로 삼음. 오나라 때 명장 반장(潘璋)이 있었음.

◆ 방(方)

주나라 선왕(宣王) 때 희방숙(姬方叔, BC 827~782)이 시조.

◆ 배(裵)

① 백익의 후손인 비자(非子) 자손이 산서성 문희 지방 배국(裵國)의 제후가 된 뒤 배씨의 시조가 됨.

② 춘추시절 섬서성 기현(岐縣)의 배중(裵中)에 살던 집안. 산서성 황하 동쪽 하동(下東)의 명문.

◆ 백(白)

① 신농씨 시절 치수를 맡았던 백부(白阜)가 시조.

② 춘추시절 백을병(白乙丙)이 시조.

③ 전국시절 초소왕(楚昭王)의 봉지 백공성(白公城)에 살던 백공승
(白公勝)의 자손. 하남성 남양(南陽) 명문.

◆ 범(范)

요제(堯帝)의 후예 사회(士會)가 진(晉)나라 범현(范縣)의 제후가
된 뒤 성이 됨. 시조는 범섭(范燮).

◆ 변(边)

춘추시절 송평공(宋平公)의 아들 어술(御戌)의 자가 자변(子辺)으
로 변씨 시조가 됨. 하남성 개봉시 진유(陳留)와 감숙성 김성(金城)의
명문.

◆ 변(卞)

① 하나라 말기 변수(卞隨)가 시조.

② 주나라 무왕 때 진탁(振鐸)이 조국(曹國)의 제후가 된 뒤 산동성
사수현 변지(卞地)를 식읍으로 받음. 조(曹)와 변(卞)은 같은 집
안. 하남성 북고진 제양(濟陽)의 명문.

◆ 서(徐)

백익의 큰아들 약목(若木)이 감소성, 안휘성 지방 서국(徐國)의 제
후가 된 뒤 서씨가 됨. 후손 가운데 서언왕(徐偃王)이 있음.

240

◆ 석(石)

동주 초기 위(衛)나라 종실 석작(石碏)이 제후가 된 뒤 그 후손들이
성을 석이라 함.

◆ 선(宣)

① 춘추시대 노나라 사람 교여(橋如)의 시호 선백(宣伯)을 따라 성
   을 삼음.
② 주나라 선왕의 후손.

◆ 선우(鮮于)

상나라 주왕(紂王) 때 기(箕)나라 제후 기자(箕子)가 주나라가 들어
서 조선의 봉지를 받았으며 그 후손은 하남성 내향현의 우(于) 땅을 봉
지로 받아 선우(鮮于)라 함. 산서성 오대산 이남 태원의 명문.

◆ 설(薛)

① 우임금 때 임(任)씨 가운데 차정(車正)을 지낸 계중(鷄仲)이 산
   동성 동현에 있던 설후(薛侯)에 봉작을 받은 뒤 성으로 받음. 그
   후손 가운데서 주 문왕이 나옴.
② 전국시절 맹상군 전문(田文)이 설(薛) 지방 제후가 되었는데 그
   후손들이 설이라 함.

◆ 섭(葉)

전국시절 초나라 심제량(沈諸梁)이 반란 진압에 공훈을 세워 하남성
섭현(葉縣) 제후가 되었는데 그 후손들이 성을 섭이라 함.

◆ 성(成)

① 주나라 무왕이 다섯째 동생 숙무성백(叔武成伯)이 산동성 영양현
   의 성후(成候)에 봉해지자 성을 성(成)씨로 바꿈.

② 전국 때 초나라 자옥(子玉)의 호가 성득신(成得臣)인 데서 성씨
   가 됨.

◆ 소(蘇)

전욱의 손자 중여가 하남성 허창시에 있던 소(蘇)나라 제후가 되자
성을 소(蘇)씨라 함.

◆ 손(孫)

① 춘추 때 초나라 사람 손숙오(孫叔敖)가 시조.

② 춘추 때 제나라 진천우(陳天宇)에게 손(孫)성이 하사됐으며, 그
   후손 손서(孫書)가 오나라로 옮김. 그 손자가 《손자병법》을 지
   은 손무(孫武)이고 오나라를 세운 이가 손권(孫權)임.

◆ 송(宋)

상나라 유민들을 하남성 상구현의 송국(宋國) 봉지에 살게 하고 관
리했는데 그 후손이 송(宋)씨와 담(談)씨 성을 씀. 시조는 은나라 주왕
의 서형(庶兄)인 계(啓)임.

◆ 승(承)

주나라 때 위(衛)의 대신 성숙승(成叔承)의 자손.

◆ 신(辛)

우왕의 어머니 수기(修己)는 유신씨(有莘氏) 동네 출신. 우왕은 아들을 이 땅의 제후로 삼은 뒤에 성을 신(莘)으로, 이름을 후(候)라고 함. 뒤에 이 집안 가운데 신(辛)씨가 분파함.

◆ 신(愼)

① 전국시대 조나라에 자를 신도(愼到)라 부르는 도학자가 있었다. 이 사람이 신(愼)씨의 시조.
② 초나라 평왕(平王) 태자 건(建)이 안휘성 신읍(愼邑) 봉지를 받아 신(愼)씨가 생김. 감숙성 천수(天水)의 명문.

◆ 신(申)

① 신농씨 후손 가운데 신여(申呂)가 상나라 때 제후에 봉해져 신씨 시조가 됨.
② 염제 신농씨의 후손 백이(伯夷)가 섬서성 신국(申國)에 살아 신(申)을 성으로 함.

◆ 심(沈)

① 주나라 무왕의 열 번째 아들 빙계(聘季)가 하남성 여남현 심국(沈國)에 피봉된 뒤 성으로 삼음. 심정(沈亭) 유적이 있음.
② 전국시절 초나라 왕자 술(戍)이 심현(沈縣)의 현윤이 된 뒤 심윤술(沈尹戍)로 개명. 절강성 임안(臨安) 및 강소성 의흥(宜興) 지방이었던 오흥(吳興)의 명문이 됨.

◆ 안(安)

① 동한시대 안식국(安息國) 입시왕자 안청(安淸)이 시조.

② 당나라 안녹산(安祿山) 후손.

◆ 양(梁)

백익의 후손에서 진시황이 태어나고 그 후손 가운데 강(康)이 섬서성 한성의 양산(梁山) 제후가 되어 양강백(梁康伯)이라 부르고 시조가 됨.

◆ 어(魚)

은나라 자성계열로 춘추시대 송 양공 때 목이(目夷)의 자가 어(魚)였으므로 성을 삼음.

◆ 엄(嚴)

초나라 장왕(莊王)의 자손이 장(莊)이라 하다가 엄으로 성을 바꿈.

◆ 여(呂)

염제 신농씨 후손 백이가 하남성 남양 지역 여후(呂候)가 된 뒤 여씨라 함. 진시황 때 여불위, 한나라 유방 시대에 여포가 있음.

◆ 연(燕)

주 문왕의 아들 소공석(召公奭)의 자손으로 연나라 봉지를 받아 성이 됨.

◆ 염(廉)

진시황의 영(瀛)성과 동종. 순임금 후손 백익의 아들 대렴(大廉)의 자손. 섬서성 황하 동쪽 하동의 명문.

◆ 예(芮)

주나라 무왕이 산서성 예성현의 예국(芮國) 봉지를 준 예백(芮伯)의 후손.

◆ 오(吳)

① 주 무왕의 백부 태백(太伯)이 강소성 무석시 매리(梅里)에 도읍을 세우고 성의 별호를 구오(句吳)라고 하였으며 그 3세 손장(孫章)이 오나라를 세움. 오나라가 망한 뒤 오태백을 시조로 함.
② 순임금을 우순(虞舜)이라고도 하는데 우가 오로 됨.

◆ 왕(王) : 중국 제2의 성씨

① 상나라 주왕의 숙부 비간(比干)의 후손.
② 주나라 무왕 15째 아들 고(高)의 후손.
③ 순임금 후손 위소왕(魏昭王)의 후손.
④ 한나라 연왕(燕王)의 후손 희(喜)가 왕망 때 사성. 한나라 때 서법가 왕희지가 있음.

◆ 옥(玉)

주나라 때 초(楚)나라 옥을 다루던 옥윤(玉尹) 집안의 성.

◆ 용(龍)

① 순임금 때 동부(董父)의 자손.
② 순임금 때 상서령을 지낸 용(龍)이란 사람의 후손.

◆ 우(禹)

① 우임금의 후예로 아들 계(啓)를 왕위에 올린 세습제가 되면서 우
   (禹)씨와 여(余)씨로 분파.
② 산동성 임기에 있던 우국(禹國)의 후손.

◆ 원(元)

① 상나라 최후의 왕 주왕이 왕위를 계승하는 데 공을 세운 원선(元
   銑)이 시조. 위(衛)나라 대신(大臣) 집안.
② 북위 때 탁발족을 원(元)씨라 함.

◆ 유(庾)

고대에 양곡 관리 직함을 유장(庾掌)이라 함. 진나라 때 성이 됨. 하
남성 허창 지방 영천의 명문.

◆ 유(俞)

황제 헌원씨 아들의 병을 고친 유부(俞柎)가 유(俞)씨 시조.

◆ 유(劉)

요임금 후손들 가운데 산서성 임분(臨汾) 지방 유국(劉國) 제후의
후손. 강소성 팽성(彭城) 중심으로 번짐.

◆ 유(柳)

춘추시대 노효공(魯孝公)의 아들 전(展)이 신태현 유리(柳里)의 유
하(柳河)를 식읍으로 받아 유하혜(柳河惠)라 하고 시조가 됨.

246

◆ 윤(尹)

① 소호 김천씨의 아들 반(般)이 산서성 분양현의 윤성(尹城)에 분
  봉된 뒤 윤(尹)씨 성을 씀.

② 춘추전국시절 영윤(令尹)이라는 관직이 있었는데, 그 관직에 있
  던 사람의 후손.

◆ 위(魏)

춘추시절 진(晉)나라 헌공의 아들이 위(魏)국을 토멸한 공으로 사급
을 받아 시조가 된 문후(文候) 화만(華萬).

◆ 위(韋)

① 전욱 고양씨의 후손 원철(元哲)이 BC 2118년 하남성 축위(逐韋)
  지방을 봉지로 받고 위씨 시조가 됨.

② 한신(韓信)의 후예로 해남군(海南郡) 정착, 위성(韋姓)을 가짐.

◆ 은(殷)

상나라 때 반경(盤庚)이 하남성 안양시로 천도를 추진해 주나라가
서고 이곳 제후국이 되어 은씨의 시조로 삼음. 본디 상·은 왕조의 성
은 자(子)였으나 주왕(紂王)이 망한 뒤 그 후손이 나라 이름을 성으로
씀. 하남성과 안휘성의 경계 여남(汝南)의 명족.

◆ 이(李)

① 전욱의 후손인 도(陶)의 자손이 형옥을 맡은 대리(大里) 벼슬을
  맡아 이(理) 집안이라 했음. 그 자손 이리정(理利貞)이 피난 때
  오얏 열매로 목숨을 잇고 살았기 때문에 이(李)로 성을 바꿈.

② 당 태종 이세민이 15성씨 집안 유공자들에게 자기와 같은 이(李)
   씨 성을 하사.

◆ 인(印)

춘추 후기 정나라 목공(穆公)의 아들 단(段)이 아버지 이름 인(印)
을 성으로 삼음.

◆ 임(林)

① 상나라 주왕에게 충언을 한 비간이 주나라가 세워지자 산림 안으
   로 피해 살아 무왕으로부터 임(林)씨 성을 하사 받음.
② 주나라 평왕의 둘째 아들 개(開)의 자(字)가 임(林)이라 후손들
   이 성시를 임이라 함. 공자 72현 가운데 임방(林放)이 있음.

◆ 임(任)

① 황제의 아들 우양(禹陽)이 임성(任城) 제후가 된 뒤 시조가 됨.
② 복희씨 자손 풍(風)씨가 임국 제후가 된 뒤 임씨가 됨.

◆ 장(張)

소호 김천씨의 다섯 번째 아들 휘(揮)가 궁정(弓正) 벼슬을 하면서
축우와 싸움에 공을 세워 장(張)씨 성을 받음.

◆ 장(蔣)

주나라 무왕 동생 단이 노국(魯國) 제후가 되고 그의 둘째 아들 백
령(伯齡)이 하남성 고시현에 있던 장국(蔣國)의 제후가 된 뒤 장을 성
으로 삼음.

◆ 전(錢)

고양씨 전욱의 후손 부(孚)가 주 문왕 때 돈을 관리하는 전부(錢府)를 맡아 전(錢)씨 성이 됨. 절강성 집안 사람 전유(錢鏐, 852~932)가 오월(吳越)왕이 됨.

◆ 전(全)

고대에 금전 취급 관부를 천부(泉府)라 하였는데, 관직이 세습되어 성을 천(泉)씨라 하다가 같은 고대 발음인 전(全)씨로 나뉨. 섬서성 서안 지방 경조(京兆)의 명문.

◆ 전(田)

제나라 환공 때 역공의 아들 경중(敬仲)이 전읍(田邑)을 봉지로 받은 뒤 전(田)을 성씨로 했으며, 뒤에 전씨 제국을 세움. 하북성 안성현 북평(北平)의 명문으로 맹상군 전문(田文)이 있음. 본디 진(陳)이라 하다가 전(田)씨로 바꾼 집안도 있음.

◆ 정(程)

전욱의 둘째 아들 여(黎)의 후손이 상나라 때 하남성 제양시 정후(程侯)에 피봉된 뒤 정(程)씨가 됨.

◆ 정(鄭)

주나라 유왕(幽王)의 숙부인 숙우(叔虞)가 섬서성 화현 정(鄭)나라에 피봉되어 환공(桓公)이라 하고 그 아들 정무(鄭武)가 하남성 신정현으로 옮긴 뒤 정(鄭)을 성씨로 삼음. 중국 항해의 영웅 명나라 정성공(鄭成功)이 있음.

◆ 정(丁)

제(齊)나라 강태공의 아들 급(伋)이 주 왕조에 공훈을 세워 정공(丁公)이라는 시호를 받은 뒤 시조가 됨. 하남성 제양(濟陽), 산동성 정도현 제음(濟陰)의 명족.

◆ 조(趙)

순임금 후예 진시황 집안 사람으로, 조부(造父)가 주나라 목왕 때 공훈을 세워 산서성 홍동현의 조성(趙城) 제후가 된 뒤 시조가 됨. 중국 7대 성 가운데 하나. 후손 조광윤이 송(宋) 건국.

◆ 조(曹)

① 전욱 자손 육종(陸終)의 다섯째 아들 안(安)이 산동성 정도현의 조국(曹國) 제후가 되어 취성. 뒤에 조국이 주국(邾國)이 되어 주(朱)씨 성이 생김.
② 동한 말 조조(曹操)의 아버지 조숭(曹崇)의 후손.
③ 주나라 문왕의 아들인 서백창(西伯昌)의 자손.

◆ 주(朱)

전욱 자손 육종의 다섯째 아들 조안(曹安)의 후손 협(挾)이 산동성 주읍(邾邑)에 피봉된 뒤 주(朱)씨가 됨.

◆ 주(周)

후직기(后稷棄)의 후손이 주나라를 세웠으나 진시황에게 망했는데 최후의 왕 주난(周緩)의 후손들이 주(周)씨라 함.

250

◆ 지(池)

성곽 주위를 흐르는 해자(亥子)를 관리하는 사람을 지인(池人)이라 하는데, 후대에 그 직업을 성으로 한 집안이 생김. 진나라 승상 지자화(池子華)가 있음. 감숙성 서령시 서평(西平)의 명망 성씨.

◆ 진(秦)

순임금계 백익(伯益)의 아들 대렴 집안으로, 위수(渭水) 지방에서 말을 기르던 비자(非子)가 주나라 평왕(平王) 때 제후가 되었으며, 그 집안 진시황이 천하를 통일하면서 진(秦)씨 성이 생김.

◆ 진(陳)

순임금 아들 호공(胡公)이 진(陳)나라 제후가 됨. 하남성 회양 지방의 완구(宛丘)에 있던 진(陳)나라 공자 완(完)이 시조. 중국 5대 성의 하나.

◆ 진(晉)

주나라 성왕의 동생 숙우가 당후(唐候)에 봉해진 된 뒤 그의 아들이 진수(晉水) 근처로 국도를 옮겨 진국(晉國)이 되면서 진(晉)성으로 삼음. 숙우를 시조로 함.

◆ 진(眞)

본성은 신(愼)이었으나 송나라 효제(孝帝)의 피위로 진으로 바꿈.

◆ 차(車)

한 무제 때 승상을 지내면서 항상 차(車)를 타고 다닌 전천추(田千秋)의 자손. 일명 차승상(車丞相)으로 불렸음.

◆ 채(蔡)

주 무왕 시절 상나라 주왕의 왕자를 은후(殷候)에 봉하고 감시하던 채숙(蔡叔)의 아들 중(仲)이 하남성 상채현 채국(蔡國)에 살아 성을 삼음. 하남성 제양의 명문.

◆ 최(崔)

주나라 때 제국(齊國) 숙기(叔己)가 산동성 장구현의 최읍(崔邑)에 살아 최계(崔季)라 불렸는데, 뒤에 시조가 됨. 진시황 시절 중국 산동 최대의 명족, 당나라 때 제3위 씨족. 제상만 23명 배출.

◆ 추(秋)

춘추시절 노나라 추호(秋胡)의 후손. 감숙성 통위현 천수(天水) 지방 명문.

◆ 탁(卓)

춘추시대 초 무왕(武王) 때 탁읍(卓邑)에 봉해진 활(滑)이 시조. 산서와 섬서 경계인 서하(西河) 지방의 명문.

◆ 팽(彭)

전욱 집안 육종의 후손으로 전(錢)이 강소성 서주시(徐州市) 팽현(彭縣) 제후가 된 뒤 성으로 삼음.

◆ 피(皮)

노나라 때 하남성 제원현 번국(樊國) 제후가 된 번중피(樊仲皮)의 후손.

252

◆ 하(河)

상나라 하단갑(河亶甲)이 시조. 남북조시대 강서 사람 하정(河湞)이
있음.

◆ 하(何)

주 무왕 아들 숙우가 섬서성 한성(韓城)을 봉지로 받은 뒤 한(韓)씨
라 했으며 진(晉)나라 때 삼성에 속했으나 진시황 통일 뒤 각지로 쫓기
자 강회 일대 후손들이 같은 발음의 하(何)로 성을 삼고 강회 지방에
살았음.

◆ 한(韓)

주나라 성왕의 동생 숙우의 후손이 산서성 예성(芮城)에 있는 한성
(韓城) 땅의 제후가 된 뒤 성으로 삼음. 뒤에 진(晉)나라가 됨. 하남성
웅이산 지역 남양과 허창 지역 영천(潁川)의 명문으로 전국 시절 한비
(韓非), 한나라 개국공신 한신(韓信) 배출.

◆ 환(桓)

제(齊)나라 제상 환공(桓公)의 자손.

◆ 함(咸)

상나라 때 종교 관장 직함이 무함(巫咸)으로 공훈이 많아 함(咸)을
성씨로 함. 하남성과 안휘성 경계 여남(汝南) 지방의 명문. 맹자 제자
들 가운데 함구몽이 있음.

◆ 허(許)

① 전설상의 허유(許由)의 자손.

② 은상(殷商) 말기 고죽국(孤竹國)의 왕자 백이숙제(伯夷叔齊) 형
   제가 수양산에 올라 절개를 지켰는데, 그 자손 문숙(文叔)이 하
   남성 허창시의 허국(許國) 봉지를 받은 뒤 성으로 삼음.

◆ 형(邢)

주나라 때 하북성 형태시의 형후(邢侯)에 봉해진 주공 넷째 아들
집안.

◆ 홍(洪)

수신인 공공(共工)씨의 후손으로 공(共)자 옆에 물수 변(氵)을 붙여
홍을 성으로 삼음. 돈황, 예장, 안휘성 선성(宣城) 명족으로 송나라 때
홍만(洪邁), 홍활(洪活) 등 학자 배출.

◆ 황(黃)

① 소호 김천씨의 손자들 가운데 치수를 맡았던 태태(台駘)가 산서
   성 분수(汾水) 지방 제후가 된 뒤 그 자손들이 황(黃), 성(成),
   심(沈), 사(似), 욕(辱) 국으로 나누고 각각 성씨가 됨.

② 전욱의 현손 육종의 자손 가운데 하나라 때 하남성 황후(黃候)에
   봉해진 뒤 성으로 삼음. 중국 9대 성으로 황폐(黃覇, 한나라), 황
   충(黃忠), 황소(黃巢, 당말 농민봉기) 등 배출.

③ 춘추시대 백익의 자손이 황국 제후가 된 뒤 성씨로 삼음.

2. 한국 성씨 본관별 가구 및 인구

	가구수	총인구
총 계	14,326,224	45,985,289
가(賈)	2,824	9,090
간(簡)	753	2,429
갈(葛)	956	3,178
감(甘)	1,910	5,998
강(姜)	325,288	1,044,386
강(康)	34,697	109,925
강(彊)	4,375	13,328
강(强)	531	1,620
강(剛)	169	546
강전(岡田)	12	51
개(介)	29	86
견(甄)	340	1,141
견(堅)	153	519
경(慶)	3,464	11,145

	가구수	총인구
경(景)	1,454	4,639
경(京)	0	1
계(桂)	1,958	6,282
고(高)	135,488	435,839
곡(曲)	42	155
공(孔)	25,969	83,164
공(公)	741	2,442
곽(郭)	58,396	187,322
교(橋)	15	41
구(具)	55,540	178,167
구(丘)	4,137	13,241
구(邱)	282	894
국(鞠)	5,182	16,697
국(國)	669	2,182
국(菊)	123	405
군(君)	22	46
궁(弓)	183	562
궉(鴌)	74	248
권(權)	204,013	652,495
근(斤)	69	242
금(琴)	7,184	23,489
기(奇)	7,541	24,385
기(箕)	684	2,294
길(吉)	10,340	32,418
김(金)	3,102,537	9,925,949
나(羅)	53,828	172,022
난(欒)	23	80
남(南)	80,239	257,178

	가구수	총인구
남궁(南宮)	5,675	18,743
낭(浪)	113	341
내(奈)	17	63
내(乃)	114	377
노(盧)	68,776	220,354
노(魯)	20,829	67,032
노(路)	973	3,048
뇌(賴)	2	12
뇌(雷)	26	80
누(樓)	7	24
단(段)	437	1,429
단(單)	40	122
단(端)	9	34
담(譚)	18	57
당(唐)	302	1,025
대(大)	194	606
도(都)	16,235	52,349
도(陶)	536	1,809
도(道)	181	621
독고(獨孤)	257	807
돈(頓)	38	115
돈(敦)	3	21
동(董)	1,731	5,564
동방(東方)	70	220
두(杜)	1,755	5,750
두(頭)	70	208
마(馬)	11,076	35,096
마(麻)	300	998

	가구수	총인구
만(萬)	50	172
망절(網切)	1	10
매(梅)	72	222
맹(孟)	6,230	20,219
명(明)	8,304	26,746
모(牟)	5,838	18,955
모(毛)	272	879
목(睦)	2,493	8,191
묘(苗)	17	61
묵(墨)	65	179
문(文)	132,811	426,927
미(米)	64	199
민(閔)	48,935	159,054
박(朴)	1,215,918	3,895,121
반(班)	919	2,955
반(潘)	7,224	23,216
방(龐)	314	1,080
방(方)	25,472	81,710
방(房)	11,033	35,366
방(邦)	481	1,547
배(裵)	115,900	372,064
백(白)	109,677	351,275
범(范)	1,010	3,316
범(凡)	40	157
변(卞)	24,539	78,685
변(邊)	16,236	52,869
복(卜)	2,663	8,644
봉(奉)	3,528	11,492

	가구수	총인구
봉(鳳)	101	327
부(夫)	2,984	9,470
부(傅)	35	122
비(丕)	25	90
빈(賓)	1,142	3,704
빈(彬)	484	1,548
빙(冰)	222	726
빙(氷)	1	1
사(史)	3,047	9,756
사(舍)	72	227
사(謝)	43	135
사공(司空)	1,360	4,307
삼(森)	13	49
삼(杉)	1	2
상(尙)	702	2,298
서(徐)	215,412	693,954
서(西)	395	1,295
서문(西門)	554	1,861
석(石)	14,282	46,066
석(昔)	2,907	9,544
선(宣)	12,094	38,849
선우(鮮于)	1,103	3,560
설(薛)	11,931	38,766
설(偰)	1,037	3,298
섭(葉)	154	450
성(成)	57,248	184,555
성(星)	265	808
소(蘇)	12,270	39,552

	가구수	총인구
소(邵)	3,096	9,904
소봉(小峰)	4	18
소(肖)	0	1
손(孫)	129,780	415,182
송(宋)	196,641	634,345
송(松)	1,493	4,737
수(水)	30	124
수(洙)	24	75
순(荀)	308	1,017
순(舜)	40	120
순(淳)	40	121
순(順)	9	38
승(承)	762	2,494
승(昇)	239	810
시(施)	675	2,121
시(柴)	563	1,807
신(申)	217,591	698,171
신(辛)	52,427	167,621
신(愼)	14,232	45,764
심(沈)	78,229	252,255
십(辻)	28	82
아(阿)	198	632
안(安)	197,668	637,786
애(艾)	37	123
야(夜)	62	180
양(梁)	120,534	389,152
양(楊)	29,558	93,416
양(樑)	960	3,254

	가구수	총인구
양(襄)	263	823
어(魚)	5,476	17,551
어금(魚金)	21	51
엄(嚴)	41,520	132,990
여(呂)	17,498	56,692
여(余)	5,741	18,146
여(汝)	119	358
연(延)	8,521	28,447
연(連)	163	532
연(燕)	1,065	3,549
염(廉)	19,807	63,951
엽(葉)	40	127
영(永)	40	132
영(榮)	26	86
영(影)	15	41
예(芮)	3,968	12,655
예(乂)	0	1
오(吳)	219,548	706,908
옥(玉)	7,288	22,964
온(溫)	1,548	5,081
옹(邕)	227	772
옹(雍)	57	192
왕(王)	7,239	23,447
요(姚)	63	198
용(龍)	4,320	14,067
우(于)	1,057	3,359
우(禹)	55,256	176,682
우(宇)	1	1

	가구수	총인구
운(雲)	49	169
운(芸)	23	68
원(元)	36,712	119,356
원(袁)	343	1,104
원(苑)	2	5
위(魏)	8,908	28,675
위(韋)	600	1,821
유(柳)	186,610	603,084
유(兪)	54,953	178,209
유(庾)	5,292	16,802
유(劉)	75,192	242,889
육(陸)	6,666	21,545
윤(尹)	294,708	948,600
은(殷)	4,892	15,657
음(陰)	1,802	5,936
이(李)	2,113,007	6,794,637
이(異)	531	1,730
이(伊)	274	860
인(印)	6,389	20,635
임(林)	237,145	762,767
임(任)	53,637	172,726
자(慈)	48	178
장(張)	287,195	919,339
장(蔣)	5,557	17,708
장(章)	1,753	5,562
장(莊)	221	648
장곡(長谷)	17	52
저(邸)	14	48

	가구수	총인구
전(全)	153,208	493,419
전(田)	58,895	188,354
전(錢)	1,883	6,094
점(占)	163	516
정(鄭)	626,265	2,010,117
정(丁)	58,431	187,975
정(程)	10,220	32,519
제(諸)	6,140	19,595
제(齊)	106	373
제갈(諸葛)	1,354	4,444
조(趙)	306,022	984,913
조(曺)	113,326	362,817
종(鍾)	263	816
종(宗)	43	146
좌(左)	1,008	3,130
주(朱)	55,180	176,232
주(周)	12,018	38,778
준(俊)	20	72
즙(辻)	2	4
증(增)	1	3
증(曾)	2	3
지(池)	43,696	140,824
지(智)	2,100	6,748
진(陳)	44,457	142,496
진(秦)	6,636	21,167
진(晋)	1,824	5,738
진(眞)	444	1,579
차(車)	56,106	180,589

	가구수	총인구
창(昌)	328	1,035
창(倉)	48	144
채(蔡)	35,099	114,069
채(菜)	1,067	3,516
채(采)	564	1,666
천(千)	32,229	103,811
천(天)	2,668	8,416
초(楚)	74	281
초(肖)	23	70
초(初)	16	45
최(崔)	676,773	2,169,704
추(秋)	17,142	54,667
추(鄒)	209	642
춘(椿)	30	77
탁(卓)	6,023	19,395
탄(彈)	47	155
태(太)	2,546	8,165
판(判)	87	290
팽(彭)	918	2,825
편(片)	4,655	14,675
편(扁)	204	633
평(平)	189	608
포(包)	43	129
표(表)	8,896	28,398
풍(馮)	175	586
피(皮)	1,968	6,303
필(弼)	72	251
하(河)	65,965	209,756

	가구수	총인구
하(夏)	1,251	4,052
학(郝)	31	101
한(韓)	218,821	704,365
한(漢)	3,696	11,191
함(咸)	23,588	75,955
해(海)	102	322
허(許)	93,490	300,448
현(玄)	25,547	81,807
형(邢)	2,078	6,640
호(扈)	1,322	4,228
호(胡)	522	1,668
호(鎬)	56	210
홍(洪)	161,403	518,635
화(化)	286	945
환(桓)	59	157
황(黃)	201,121	644,294
황보(皇甫)	2,887	9,148
후(后)	10	31
후(候)	27	83
흥(興)	141	462
기타	96	1,054
미상	1,156	7,900

집필 뒷말

필자는 본디 법학을 공부한 뒤 바로 신문기자가 되었기 때문에 모든 사건을 확인하기 위해서는 현장을 직접 보고 확신이 서지 않는 한 남의 기록만으로 사실을 판단하지 않는 습성이 몸에 배었다. 이를테면 경찰의 사고 보고서나 조서를 보고 기사를 쓰고 나면 실제 사실과 다른 점을 자주 발견했기 때문이다.

그래서 판사의 판결문에 관심을 갖게 되었다. 판사에 따라 판결의 기준이 다른 점도 있지만 명백한 증거만을 기준으로 하는 판사는 증거 부족으로 사실과 다른 판결을 하는 경우도 있고 증거가 부족하더라도 정황을 보아 심증으로 판단하는 판사도 있었다. 모든 경우 오판은 있기 마련이지만 영악한 당사자들의 증거가 때때로 사실을 왜곡시킨다는 사실도 발견했다.

역사도 마찬가지라는 생각을 갖게 되었다. 역사학자들은 대부분 기록을 판단의 기준으로 삼는다. 기록이란 자신의 기억을 보완하는 수단으로 이용되기도 하지만 남에게 보이기 위해 쓰는 경우도 많다. 남에게 보이기 위한 기록은 사실과 다르기 마련이다. 아무리 진실을 신조로 하는 사람이라 하더라도 남이 볼 것을 전제로 한다면 진실과 다르게 미화하거나 자기를 변명하기 십상이다. 일기마저도 뒷날의 기억을 위해 쓰기도 하고 자신의 생활을 추스르기 위해 쓰기도 하지만 먼 뒷날 누군가 읽어 줄 것을 전제로 하지 않는다면 사실 쓸 필요가 없는 것이다. 문장 공부를 위한 것이 아니라면 자기 정당화가 반영되기 마련이라는 생각을 하게 된다. 이런 자세로 모든 기록을 비판의 눈으로 바라보았더니, 기록의 진실을 읽으려면 그 내용보다 쓴 사람의 처지를 정확히 파악하는 것이 중요하다는 것을 느끼게 되었다.

결국 국사 기록이란 그 국가의 필요가 반영될 수 밖에 없다. 법으로는 국가 의지가 반영될 수 없는 사관의 기록이라 하더라도 역사의 관점과 의지가 반영될 수밖에 없다. 많은 신문 기사를 쓰면서 나는 얼마나 객관적이고 진실에 가까운 글을 쓰고 있는가 회의를 느낄 때가 많았다. 독자들은 무조건 신문에 났더라면서 실재 상황으로 믿지만, 신문에 난 기사란 실재의 일부일 뿐이며 기자의 편견이나 선입견이 포함되기 마련이다.

이런 실제 경험을 바탕으로 역사 기록이란 것을 살펴보다 보니 이것은 진실일 수 없다는 부분이 너무나 많았다. 평소 어떤 사물을 보고 전할 때도 사람마다 성격과 지적 수준에 따라 개인차가 많다. 하물며 어떤 목적의식을 가지고 쓴 역사서가 진실일 수 있겠는가. 그렇더라도 합당한 논리와 증거가 없는 한 기록은 진실일 수밖에 없는 것이 현실이다.

필자는 지방 언론계에 종사했기 때문에 통치 구조인 국가의 성쇠를 중심으로 쓴 국사보다 국가 존립에 영향을 받으면서 살아온 백성의 삶을 살펴보는 향토사에 관심을 더 갖게 되었다. 그 과정에서 향토사의 주인

공인 민초들의 정체를 밝히는 방법의 하나로 씨족의 중요성에 주목했다.

부부가 가정을 이루고 자식을 낳고 키워 분가시키는 것이 이 사회의 바탕이다. 자식들이 씨족집단을 이루고 씨족들이 서로 혼인을 하면서 인척이 되고 인척들이 연대해 가면서 사회가 이루어진다. 이 사회가 부족을 이루고 지역공동체가 되는 가운데 부족 사이의 경쟁이 시작되면서 지배와 피지배 관계가 생기고 차츰 통치기구인 국가라는 것을 만든다. 21세기는 이따위 지배와 피지배 관계의 통치기구가 필요 없는 세기가 되어 가고 있다. 이런 상태를 부족국가시대인 신유목시대가 복귀하고 있다고 말하는 사람도 있다.

고대 유목시대는 모계 중심 사회였다. 오늘날 여권이 강조되는 것도 이 같은 시대의 조류라는 생각도 갖게 된다.

씨족에 관심을 가지고 족보를 뒤지다 보니 전제국가시대에도 이 씨족 집단이 엄청난 위력을 발휘했음을 발견하게 되었다. 국가의 실체를 씨족사의 관점에서 재조명하는 것도 흥미 있는 작업이다.

오늘날 우리는 혈연과 지연을 버려야 한다고 외쳐대지만 혈연과 지연은 이 사회 구성과 교섭의 기본틀이다. 인간은 기계나 신이 아니라 사회적 동물이므로 사회구성의 기본 틀을 벗어날 수 없다. 인간은 공정한 동물이 아니라 공정을 추구하는 동물이다. 약육강식의 자연법칙에 순응하는 영장일 뿐이다. 강한 자가 약한 자를 지배하면서 그 구조를 깨뜨리지 않도록 절제할 줄 아는, 지혜 있는 영장이다.

필자는 23년 전 신문에 성씨를 연재 바 있다. 그 과정에 네 차례에 걸쳐 명예훼손으로 고소를 당했다. 일제시대 이름 있던 한 사학자도 어느 성씨를 잘못 다뤄 곤욕을 치뤘고 몇 년 전 서울의 어느 일간지 기자가 성씨를 다루다가 해직을 당한 일도 있다. 또한 모 교수가 금석문이나 기록을 중심으로 씨족 중심의 한국 사회사를 썼다가 곤욕을 당한 사실도 안다.

이 때문인지 한국 학계에서 성씨를 언급하는 것은 금기사항이 되어 있다. 그만큼 한국 사회에서 성씨는 전통적으로 신분 계층에 관계해 왔기 때문이다. 역사 사실 규명에 권력 중심인 역사기록보다 민중 생활사를 규명하자면 당연히 성씨를 언급하여야 하는 데도, 규명에 더 중요한 성씨 기록을 역사학이 동원하지 않는 풍토가 지속될 수밖에 없는 상황이다.

국가와 민족의 실체를 밝히기 위해서는 씨족사가 학문으로 다뤄져야 한다. 한국의 족보는 가짜 투성이고 모화사고 때문에 사실과 다르게 중국 성씨를 모칭했다고 여기고 말 것이 아니다. 우리가 씨갈래의 표지로 성(姓)자를 쓰고 있는 이상 자신의 성자가 어떻게 채택되었으며 선조 연원이 가짜인가 진실인가를 밝히고 난 뒤에 국가나 지역사회를 논의해야 한다. 자신의 실체 규명은 외면하면서 허상이나 다름없는 국가 흥망을 운위하는 것은 자가당착이다. 진실을 학문적으로 밝히려고도 하지 않은 채 가짜 족보이고 모칭 성씨라고 근거 없이 단정하는 태도는 자신을 포함해 한국 사람 모두를 양심 없고 부도덕한 불량 민족집단으로 만드는 일이 되고 있다는 사실을 깨달아야 한다.

근래 일본 교포학자 이성시 씨가 《만들어진 고대》라는 책을 통해 민족의 잣대로 한국 역사학을 다루지 말 것을 충고하고 있다. 일본인 이토 요라코(伊藤順子) 여사가 쓴 《병으로서의 한국》에서 한국인의 지나친 내셔널리즘을 걱정한 글도 읽었다. 러시아인으로 한국에 귀화한 박노자 씨가 쓴 《당신들의 대한민국》은 더 큰 충격을 주었다.

이 책은 기간을 정해 쓰기로 하여 아쉬움이 많다. 귀화 성씨들의 출발지와 도착지는 문화 전파 경로이다. 귀화 성씨들의 귀화 시기는 동아시아 변혁사의 일부이다. 성씨들의 귀화 주장 근거도 밝혀 보아야 한다. 성씨별 족보 간행 횟수와 횟수별 변화도 살펴보아야 한다. 성씨별 인물과 역사 기록도 대조해야 한다. 없어진 성씨와 새로 생긴 성씨의 시기와 원인도 따져 보아야 한다. 역사 기록에 나타나는 귀화나 교류 기록과 도래 성씨 관계도 살펴보아야 한다. 족보 기록이 진실하다는 주장이 아니다. 어떻게 그런 주장이 나왔는지 학자의 눈으로 살펴보아야 한다는 것이다. 이런 작업이야말로 민족의식의 추적이 되기도 하고 특정 시대의 사회상을 규명하는 작업이기도 하다.

중국이 문화혁명 때 족보란 인민의 적인 계급사회의 미화기록이며 종파주의의 상징이라고 불태워 버린 뒤 뒤늦게 족보란 역사 규명을 위한 국사 이상의 사료라면서 대대적인 발굴에 나서고 있음을 주목할 필요가 있다.

기회가 주어진다면 못 다한 아쉬움을 풀고 싶다. 새 정부에게 권하고 싶은 것을 덧붙이고자 한다. 일제는 식민통치를 위한 자료로 조선의 성씨 조사를 실시하고 취락과 동족 부락을 연구했다. 우리도 지역사회의 기본 구성원인 씨족 연구와 귀화 성씨 기록화에 관심을 기울여야 한다. 귀화민에 대한 과거 국가시책을 연구해 미래 귀화인 시책에 반영해야 한다. 이런 작업이 미래에 국가 정책 자료로 활용되어야 하기 때문이다. 그 뿐만 아니라 국제화 과정에서 한반도에 귀화하는 외국인의 기록은 역사 기록에 빠뜨릴 수 없는 귀한 자료임을 인식해야 한다.

문제되는 부분이나 의견이 다른 부분 그리고 자기 성씨 기록의 오류가 있다면 확실한 증빙자료를 덧붙여 연락 주기 바란다. 잘못은 고쳐야 하기 때문이다. 필자는 이 분야에 관심 있는 이들과 더불어 한국 씨족사 연구를 발전시키고 싶다.

참 고 문 헌

강평원, 《쌍어 속의 가야사》, 백성, 2001.

宮崎市定, 《구품관인법의 연구》, 소나무, 2002.

權文海, 《大東韻府群玉》

金富軾, 《三國史記》

金聖昊, 《단군과 고구려가 죽어야 민족사가 산다》, 월간조선사, 2002.

───, 《씨성으로 본 한일 민족의 기원》, 푸른숲, 2002.

김영한·임지현 편, 《서양의 지적 운동》, 지식산업사, 1994.

金載爕, 《韓國古代學基本學習》, 1998년 복사본.

김정현, 《흥하는 성씨, 사라진 성씨》, 조선일보사, 2001.

金正浩, 《大東地志》

김정호, 《전남본관성씨연구》, 향토문화진흥원, 1986.

김학천, 《성의 기원》, 청문각, 2000.

駱賓基, 《金文新考》, 1977.

潭基驤, 《중국역사지도집》, 신화서점 상해발행소, 1989.

杜建春, 《中華萬姓淵源》, 山東人民出版, 1995.

박정수, 《명가의 뿌리》, 이가출판사, 1991.

范又琪, 《百家姓氏起源》, 長江文藝出版, 1999.

北京圖書館, 《中華各姓祖先像傳集》, 民族出版社, 1999.

上海書籍編輯, 《二十五史》, 上海古籍, 1986.

세종대왕기념사업회역간본, 《문헌비고》, 천품인쇄, 1979.

孫進己, 《동북민족원류》(한역판), 동문선, 1999.

楊劍宇, 《中國歷代帝王錄》, 上海文化出版, 1989.

에르네스트 르낭, 《민족이란 무엇인가》, 책세상.

呂思勉, 《中國民族史》, 東方出版社, 1996.

영천호, 《姓氏風流》, 廣州出版社, 1998.

吳炅烷, 《한국명문가의 혼맥, 인맥》, 한그루, 1988.

王大有, 《龍鳳文化源流》(한역판), 동문선, 1994.

王文光, 《中國南方民族史》, 民族出版社, 1999.

王獻唐, 《炎黃氏族文化考》, 齊魯書社, 1985.

劉軍, 《中國少數民族服飾》, 中央民族大, 1999.

이수건, 《한국 중세 사회사연구》, 일조각, 1984.

———, 《조선시대 지방행정사》, 민음사, 1989.

이헌창, 《民籍統計表의 해설과 이용법》, 고려대학교민족문화연구소, 1997.

一然, 《三國遺事》

日中民族科學硏究所, 《中國姓氏辭典》, 國書刊行, 1984.

林惠祥, 《中國民族史(上, 下)》, 商務印書館, 1999.

張聯芳, 《中國人的姓名》, 中國社會科學, 1988.

田繼周, 《秦漢民族史》, 四川民族出版社, 1996.

鮎見房之進, 《姓氏考, 族制考》, 圖書刊行會, 1973.

丁桂鎭, 《보학해설 편람》, 명지출판사, 1989.

정도명, 《성씨와 인간관계》, 보성출판사, 1988.

정세현, 《성씨논고》, 東光堂, 1940.

諸橋轍次, 《大漢和辭典》, 大修館書店, 1956.

조선총독부, 《조선의 姓》, 第一書房, 1930.

조의설, 《세계대사전》, 민중서림, 1990.

中國譜牒學硏究會, 《中華族譜集成》, 巴蜀出版社, 1995.

冊羽墓二, 《姓氏》, 秋田書店, 1971.

崔吉城, 《한국의 조상 숭배》, 예전사, 1986.

崔在錫, 《일본 고대사 연구 비판》, 一志社, 1992.

———, 《한국고대사회사연구》, 一志社.

허경회, 《한국씨족 설화연구》, 전남대출판부, 1990.

許興植, 《고려 사회사 연구》, 아세아문화사.

黃光學, 《中國的民族識別》, 民族出版, 1995.

《高麗史》
《萬家譜》, 民昌社, 1996.
《辭海》, 上海辭書出版社, 1979.
《山海經》
《世宗實錄地理志》
《宋元方志총간》, 中華書局, 1997.
《新增東國輿地勝覽》
《爾雅說文解字》
《日本姓氏辭典》, 1982.
《조선씨족통보》, 世昌書館, 1928.
《朝鮮의 姓名씨족에 관한 연구 조사》, 조선총독부, 1934.
《조선의 성씨와 동족부락》, 刀江書院, 1942.
《中國各民族宗敎與神話大辭典》, 學苑出版社, 1993.
《中國少數民族民俗辭典》, 內蒙古人民出版社, 1995.
《中國少數民族藝術辭典》, 民族出版社, 1991.
《中華古今姓氏大辭典》, 商務印書局, 1987.
《增補文獻備考》
《한국 민족 백과 사전》
《한국 민족의 기원과 형성》, 한림과학원총서, 1996.
《한국 성씨 대관》, 창조사, 1977.

旗田魏, 〈高麗 郡縣制와 中國 郡縣制〉, 《嶺南大文理大學報》 8 · 9 · 10합집, 1977.
金成俊, 〈麗大元公主出身王妃의 政治的 位置〉, 《김활란 박사 근속 50년 기념논문집》 1958.
金壽泰, 〈高麗本貫制度의 成立〉, 《震檀學報》 52호, 1981.
낙빈기, 〈고대 중국과 조선의 문화교류〉, 1989.
이기석, 〈성씨〉, 동아백과.
李佑成, 〈麗代百姓考〉, 《역사학보》 14집, 1961.
李鍾明, 〈高麗來投渤海人考〉, 《白山學報》 4호, 1968.
李泰鎭, 〈15세기 후반기의 鉅族과 名族의식〉, 《韓國史論》
池內宏, 〈元과 耽羅〉, 《東洋學報》 16권, 1926.
池田溫, 〈唐代의 郡望表〉, 《中國法制史研究》, 1962.
허흥식, 〈본(本)과 거주지〉, 《고려 사회사 연구》, 아세아문화사, 1981.

찾 아 보 기

2. 내 용

【ㅈ】